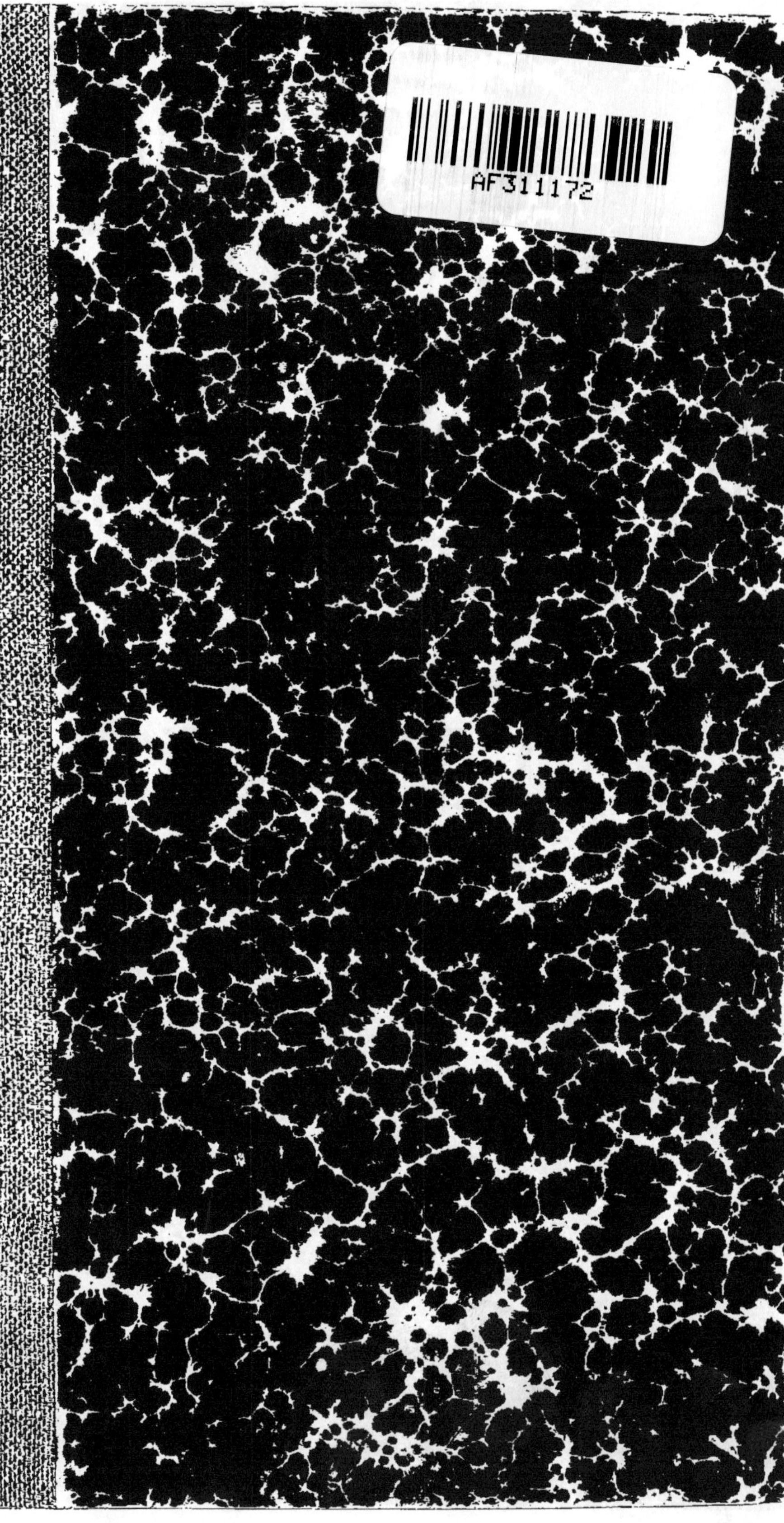
AF311172

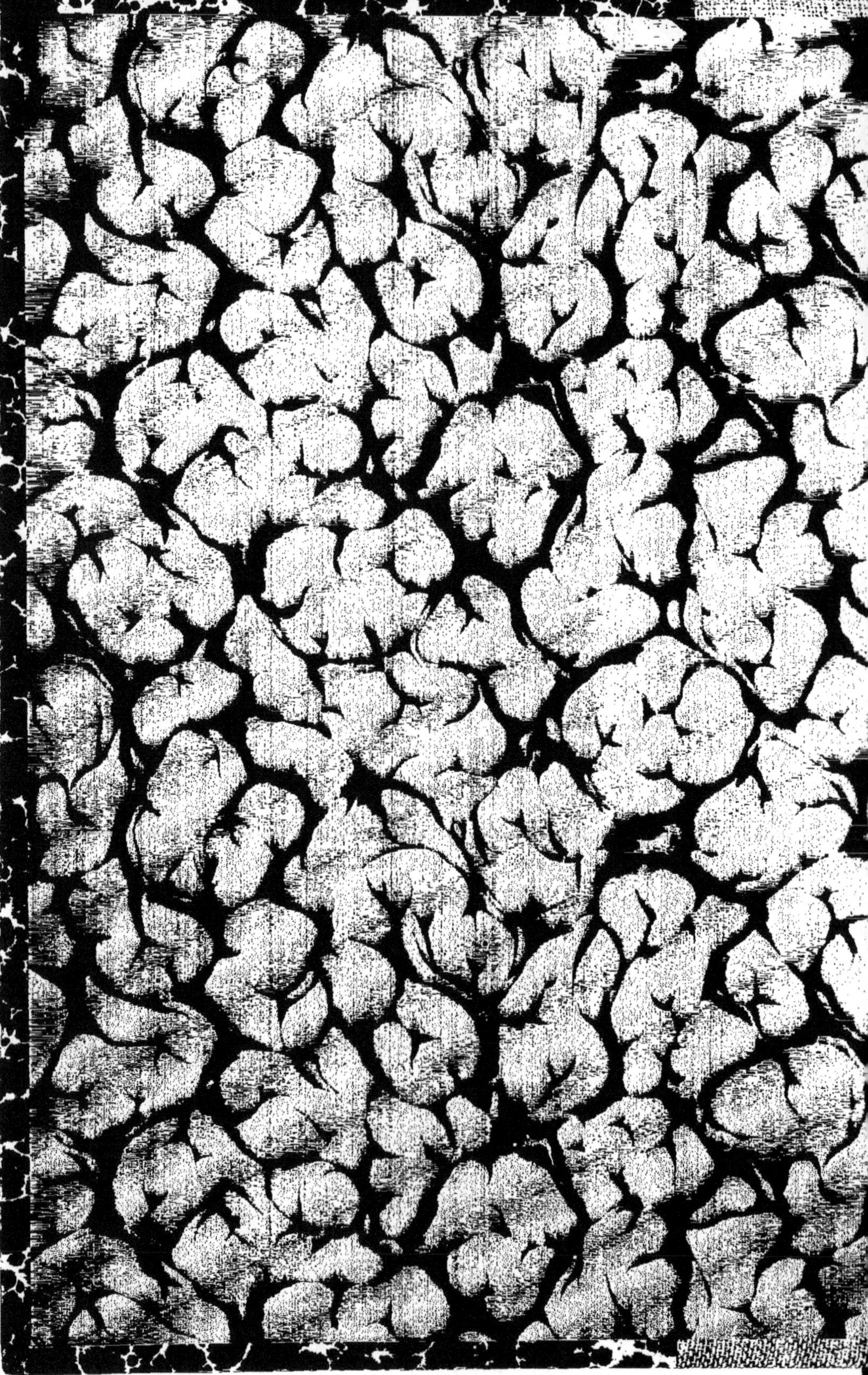

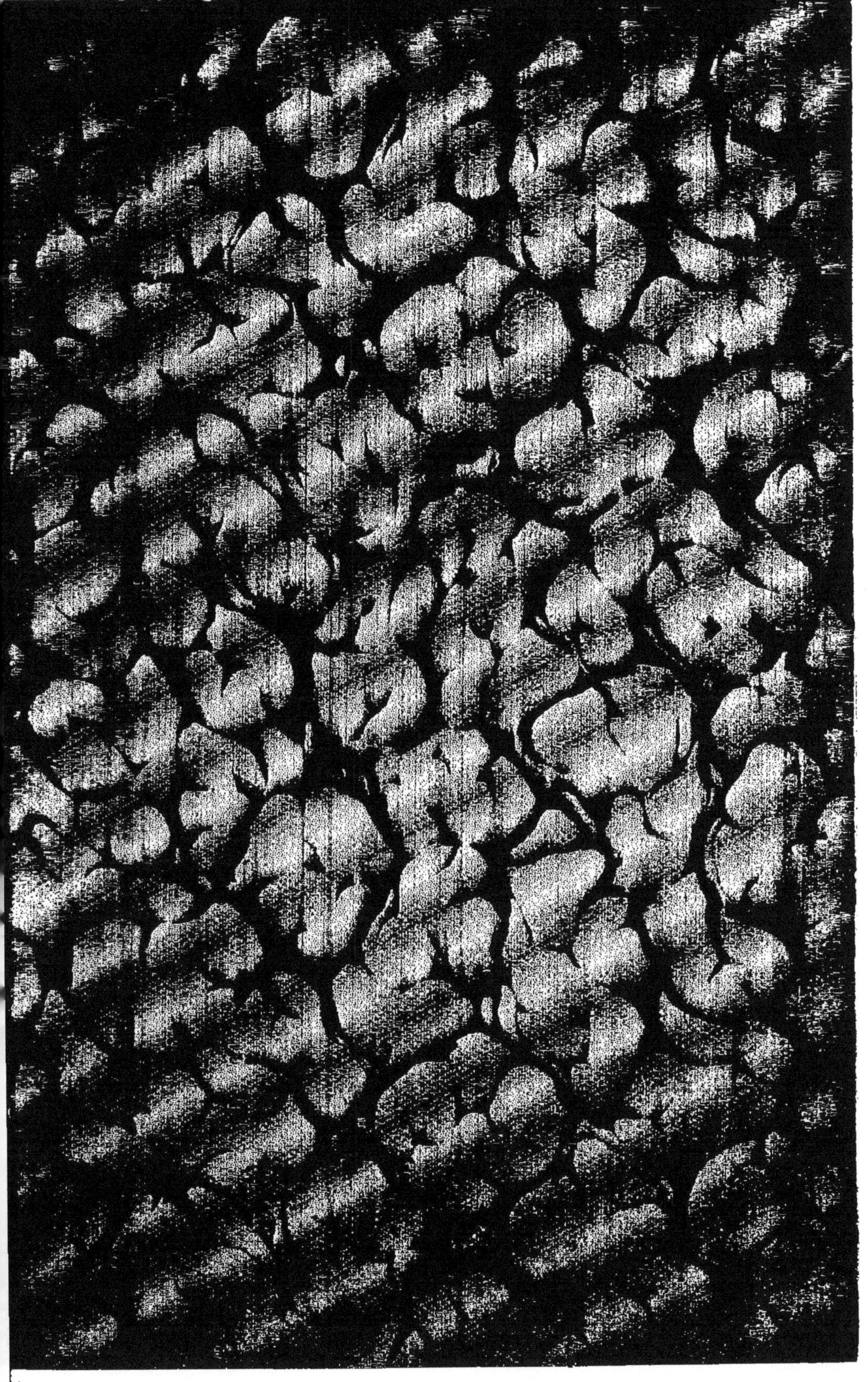

MÉMOIRES

DU CHEVALIER DE LA FARELLE

SUR

LA PRISE DE MAHÉ

— 1725 —

MIS EN ORDRE ET PUBLIÉS

PAR E. LENNEL DE LA FARELLE

PARIS

CHALLAMEL AINÉ

LIBRAIRIE MARITIME ET COLONIALE

5, rue Jacob, 5

1887

MÉMOIRES

DU CHEVALIER DE LA FARELLE

ABBEVILLE. — IMPRIMERIE C. PAILLART

Le Général de la Farelle

1736-1820

MÉMOIRES

DU CHEVALIER DE LA FARELLE

SUR

LA PRISE DE MAHÉ

— 1725 —

MIS EN ORDRE ET PUBLIÉS

Par E. LENNEL DE LA FARELLE

PARIS

CHALLAMEL AINÉ

LIBRAIRIE MARITIME ET COLONIALE

5, rue Jacob, 5

—

1887

Des Français établis à Mahé en furent chassés en 1725 à l'instigation des Anglais, qui avaient un comptoir dans le voisinage.

Le gouverneur de Pondichéry essaya par les voies de négociations de faire rentrer ses compatriotes. Ayant échoué dans sa tentative, il décida de venger par les armes l'outrage fait à l'honneur national.

L'expédition de Mahé fut donc résolue.

Le chevalier de Pardaillan, enseigne des vaisseaux du Roi, chevalier de Saint-Louis, en fut nommé commandant en chef, et l'on confia le commandement des troupes au major de Pondichéry, le chevalier de la Farelle. Ce dernier a laissé des *Mémoires* de son séjour dans les Indes ; nous en avons détaché la relation de la prise de Mahé comme étant l'épisode le plus intéressant de la vie de notre aïeul.

Avant de publier ce récit, il était nécessaire de connaître les pièces qui pouvaient le confirmer.

Dans ce but, nous nous sommes adressé à M. le Ministre de la marine et des colonies, qui nous autorisa à prendre communication des pièces relatives à l'expédition de Mahé.

Ces documents, qui corroborent en tous points les *Mémoires* de M. de la Farelle, ne sont classés que depuis peu de temps.

Jusqu'ici, les historiens qui s'occupèrent de la prise de Mahé n'avaient eu à leur disposition que les *Mémoires* de la Bourdonnais.

Aussi, ne faut-il pas s'étonner que beaucoup d'auteurs, trompés par des affirmations mensongères, ont écrit que la Bourdonnais était le héros de Mahé. Entrainés ainsi dans de graves erreurs, ils ont ajouté que le nom de cette ville avait été donné au soi-disant héros pour ses prétendus services. Mais la Bourdonnais, comme l'atteste son acte de naissance, portait le nom de Mahé tout simplement parce que c'était celui de ses pères.

La conformité du nom de la ville de Mahé avec celui du Malouin fit croire à d'autres auteurs qu'au contraire son nom avait été donné à la ville conquise.

C'est encore une erreur.

En effet, cette ville s'appelait Mahé antérieurement à sa prise par les Français [1]. Il y a confusion, ce nous semble, avec l'ile Mahé, ainsi nommée, en 1744, par Lazare Picault qui, en prenant possession, au nom du Roi, des iles du nord-est de Madagascar, donna à la principale le nom du gouverneur des îles de France et de Bourbon [2].

La Bourdonnais fit paraître ses *Mémoires* en 1750, — vingt-cinq ans après la prise de Mahé —. M. de Pardaillan et M. de la Farelle étaient morts [3]; ils ne pouvaient donc protester contre un récit inexact.

L'ancien gouverneur des iles de France et de Bourbon sut mettre à profit cette circonstance et put raconter que le siège de Mahé avait traîné en longueur, mais que, grâce à lui, cette ville s'était rendue sans coup férir.

Dans le rapport de M. de Pardaillan et dans

[1] Voir p. 105, et, dans le registre C² 73 des Archives coloniales du Ministère de la marine et des colonies, aux pages 298 et 299, et aux lettres des 1ᵉʳ et 24 décembre 1724.

[2] Archives coloniales du Ministère de la marine et des colonies.

[3] M. de Pardaillan fut tué le 25 juillet 1741 à bord de l'*Aquilon* qu'il commandait (V. État de ses services, et *Batailles navales de la France*, par O. TROUDE. Paris, 1867, in-8°, tome Iᵉʳ, p. 289). Quant à M. de la Farelle, on verra, p. 2, qu'il est mort à Paris le 9 juin 1736.

les *Mémoires* de M. la Farelle, on trouve, au contraire, que Mahé fut prise le lendemain du débarquement des troupes, à la suite d'un combat sanglant.

En outre, le commandant en chef, reconnaissant la part qui revient à chacun dans la glorieuse expédition, ne mentionne même pas le nom de la Bourdonnais.

On verra, au surplus, dans le récit du major de Pondichéry, le rôle tout au plus secondaire qu'a rempli dans l'expédition de Mahé celui qui osa s'attribuer tout le succès de l'entreprise.

Dans ces dernières années, deux écrivains [1], s'appuyant sur des documents sérieux et authentiques, ont donné les premiers coups pour battre en brèche la légende qui entoure la mémoire de la Bourdonnais.

L'un de ces auteurs, M. Guët, archiviste au Ministère de la marine et des colonies, nous communiqua le grand nombre de pièces qui confirment les *Mémoires* de M. de la Farelle ; nous le prions d'agréer nos sincères remerciements pour l'obligeance avec laquelle il a mis à notre

[1] Élie PAJOT, *Simples renseignements sur l'île Bourbon.* Saint-Denis, 1878, in-8°, p. 58 ; et M. GUËT, *Documents historiques. (Revue britannique,* avril 1880, p. 373.)

disposition les pièces formant le dossier de notre aïeul, ainsi que le Recueil de la Correspondance générale de l'Inde, où nous avons trouvé de si précieux renseignements sur l'expédition de Mahé.

Ces documents, que nous publions comme pièces justificatives, serviront, avec les *Mémoires* de M. de la Farelle, à jeter un jour nouveau sur l'expédition de Mahé, et à faire mieux connaître les circonstances de la prise de cette ville.

NOTICE

NOTICE

SUR

LE CHEVALIER DE LA FARELLE

Simon de la Farelle, chevalier, seigneur de Vedelin, l'auteur des *Mémoires*, naquit le 22 novembre 1694, à Aimargues près Nîmes. Il était fils de Jehan de la Farelle et de Marie Bertrand, qui avaient abjuré le calvinisme, en l'église de Sainte-Croix d'Aimargues, le 1ᵉʳ octobre 1685 [1].

Le chevalier de la Farelle servit d'abord au régiment de Laye, ci-devant la Force, en qualité de

---

[1] Par jugement en date du 7 janvier 1669, signé Bazin de Bezons, intendant de Languedoc, fut maintenu dans sa noblesse Jehan de la Farelle, ayant remonté sa filiation à noble Bertrand de la Farelle, qui fit le 7 juillet 1326 un codicille, reçu par Paulus Majoris, ou plutôt Mazauric, notaire. (Extrait d'une copie collationnée du susdit jugement de maintenue, délivrée le 12 avril 1766 par M. Solier, subdélégué de l'intendance de Languedoc au diocèse d'Agde. Archives de la famille de la Farelle).

La Farelle porte : *d'azur, à un château d'argent, donjonné de trois tours de même et maçonnées de sable.* (*Armorial général*, Languedoc, généralité de Montpellier, p. 241).

cadet (février 1705), de lieutenant (mars 1706) et de capitaine (26 mars 1712). Il fut ensuite nommé major des ville et citadelle de Pondichéry par commission du 28 septembre 1724; ayant pris posssession de son poste le 5 août 1725, il reçut, peu de temps après, le commandement des troupes que l'on envoyait à la côte malabare pour s'emparer de Mahé. S'étant signalé à la prise de cette ville, il en fut doublement récompensé en recevant la croix de Saint-Louis (21 janvier 1727) et une commission pour tenir rang de lieutenant-colonel (19 février 1727).

Revenu en France en 1729, le chevalier de la Farelle retourna bientôt aux Indes, ayant été nommé commandant des troupes de Pondichéry par commission du 6 décembre 1729.

Rentré de nouveau en France, le 2 septembre 1735, il épousa à Paris, le 16 octobre de la même année, Barbe-Marguerite-Perrette Garnier de Granvilliers, veuve de Jacques de Lesquen, marquis de la Villemeneust, brigadier des armées du Roi.

Le chevalier de la Farelle mourut à Paris le 9 juin 1736.

Son fils unique et posthume, Barthélemy-Simon-François, comte de la Farelle, fut maréchal de camp et inspecteur des remontes. Il épousa en 1786 Charlotte-Alexandrine du Plessier, dame de Hattencourt et de Fransart en partie, dont il eut quatre enfants. L'un d'eux, Charles de la Farelle, sous-lieutenant au 30ᵉ régiment de chasseurs-lanciers, fut tué au combat d'Ostrowno (Russie) le 25 juillet 1812. Deux autres enfants sont morts en bas âge et il ne resta qu'une fille, mariée en 1817 à M. Buteux.

Le général de la Farelle est mort en 1820 au château de Fransart, près Roye. Son nom a été relevé, en vertu d'un décret présidentiel du 15 janvier 1879, par celui de ses arrière-petits-fils qui publie ces *Mémoires*.

MÉMOIRES

DU CHEVALIER DE LA FARELLE

SUR LA PRISE DE MAHÉ

MÉMOIRES

DU CHEVALIER DE LA FARELLE

SUR LA PRISE DE MAHÉ

Nous arrivâmes à Pondichéry, le 5 août 1725, après neuf mois de navigation des plus heureuses.

Le vaisseau sur lequel j'avais passé dans l'Inde était la *Syrène*, commandée par le chevalier d'Albert, enseigne des vaisseaux du Roi. Je n'oublierai jamais l'affinité parfaite qu'il y eut entre M. d'Albert et moi pendant notre longue navigation. Je n'oublierai pas non plus notre passage à Cadix, où nous restâmes quinze jours que nous avons passés avec tout l'agrément du monde, dans la société des dames, les bals et les fêtes.

Un mois après mon arrivée à Pondichéry, le gouverneur de cette place, M. de Beauvollier de Courchant, décida, sur l'avis de son Conseil, que l'on ferait une descente à Mahé pour en attaquer et prendre la forteresse, et, m'ayant confié le commandement des troupes que l'on destinait à cette entreprise, il me chargea du soin de choisir dans la garnison quatre cents hommes et le nombre d'officiers nécessaire pour les commander.

Voici les noms des officiers que je crus les plus expérimentés tant dans le service du Roi que dans celui de la Compagnie [1] : M. de Changeac, capitaine de mérite et de valeur, fut mis à la tête de la compagnie des grenadiers ; cet officier avait servi vingt ans dans le régiment du prince des Deux-Ponts, et il y avait acquis et mérité la croix de Saint-Louis. Messieurs de la Gèverie et de Bury, aussi capitaines, reçurent le commandement de deux autres compagnies, formées des meilleurs et des plus anciens soldats. J'ajoutai par chacune des trois compagnies un lieutenant, un sous-lieutenant et un enseigne. Messieurs de Cessel et de Saint-Georges firent les fonctions d'aides-majors ; l'un m'était affecté pour porter les ordres et l'autre pour les faire exécuter.

M. de Pardaillan, enseigne des vaisseaux du Roi, chevalier de Saint-Louis, fut nommé commandant général de l'expédition ; et l'escadre, sous ses ordres, était composée de quatre vaisseaux nommés la *Vierge-de-Grâce*, la *Danaé*, le *Triton* et la *Badine*, et de deux brigantins, le *Diligent* et le *Petit-Triton*.

---

[1] La Compagnie des Indes.

M. des Boisclairs était mon ami particulier et n'eut pas moins de plaisir de me voir que j'en avais moi-même, mais il fallut se séparer et faire chacun sa route pour se rendre à sa destination.

Le trajet que nous avions à faire ne fut que de quarante et quelques jours. Nous mouillâmes l'ancre à Cochin, comptoir hollandais, pour y prendre des rafraîchissements et nous n'y restâmes que trois jours ; M. de Pardaillan et moi descendîmes à terre et fûmes très bien reçus du général hollandais, qui nous fit donner tout ce qui pouvait nous être nécessaire.

Nous partîmes ensuite pour nous rendre à Calicut, comptoir de la Compagnie depuis maintes années, et nous y arrivâmes le 24 novembre. Le directeur qui régissait et administrait les affaires de ce comptoir avait exécuté à la lettre les ordres qu'il avait reçus de Pondichéry, de tenir toutes choses prêtes, et nous n'eûmes plus qu'à faire faire des palissades, des fascines, des sacs à terre et des gabions le plus qu'il nous fut possible.

M. Deidier, capitaine ingénieur du Roi, chevalier de Saint-Louis, et M. Lambert, son second, firent faire plusieurs plates-formes pour les pièces de canon ; ils firent aussi préparer tous les bois nécessaires pour construire trois radeaux, sur lesquels nous devions faire notre descente pour mettre à terre plus facilement. Ces radeaux étaient disposés de façon que sur chacun on pût mettre deux pièces de canon de quatre, et, afin de ne point exposer les troupes au grand feu que l'on s'attendait à essuyer de la part des ennemis, ces pièces de canon étaient épaulées et bastinguées de balles de coton sur le devant.

Il se passa quatre jours pour tous ces préparatifs. Après quoi, les vaisseaux s'étant remis en marche, nous arrivâmes en rade de Mahé le 29 novembre, vers quatre heures après-midi. Le lendemain nous allâmes, M. de Pardaillan et moi, tout le long de la côte pour examiner la situation de l'ennemi, et nous aperçûmes sur le bord de la mer un retranchement d'environ une lieue, que les ennemis avaient fait dans l'incertitude de l'endroit où nous ferions notre descente.

Après que nous eûmes fait cette reconnaissance, nous revînmes à bord du commandant, et M. de Pardaillan donna ordre aussitôt à M. de la Feuillée, qui commandait la *Badine,* d'aller mouiller si près de terre, que ses canons pussent inquiéter les ennemis jusque dans leur retranchement. M. Pail, commandant le *Petit-Triton,* reçut les mêmes ordres. Ces deux messieurs les exécutèrent toute la journée et une partie de la nuit.

Les préparatifs de la descente étaient entièrement faits ; les vaisseaux étaient mouillés le plus près de terre qu'on avait pu, et, le 2 décembre, à deux

heures du matin, M. de Pardaillan m'ayant donné
son canot, me chargea de la descente des troupes
sur les radeaux ; quand elles y furent disposées en
bon ordre, M. de la Feuillée nous fit dire la messe,
une heure avant le jour.

Je donnai ensuite les ordres à messieurs de la
Gèverie et de Bury qui devaient commander en
particulier les deux radeaux sur lesquels il y avait
trois cents hommes, et je pris le commandement
du troisième radeau, sur lequel j'avais fait mettre
cent hommes avec la compagnie des grenadiers.

Après avoir donné ordre qu'on eût baïonnette
au bout du fusil et défendu qu'on tirât avant que
d'être à terre, je me mis sur la droite et j'ordonnai
à messieurs de Bury et de la Gèverie d'observer
la marche de mon radeau afin d'arriver à terre
tous en même temps.

Au moment où l'aurore commençait à paraître,
nous arrivâmes auprès de terre, et les ennemis,
qui ignoraient le moment et l'endroit où nous
ferions la descente, furent très surpris et se mirent
à pousser des cris horribles et à faire de grandes
décharges de mousqueterie, ce qui émut en
quelque façon la plus grande partie de nos soldats.
Ce feu de mousqueterie augmenta leur ardeur,
surtout quand ils virent qu'en approchant de terre
je donnai ordre à un canonnier, que nous avions
dans notre radeau, de tirer à mitraille sur les

ennemis qui ne s'y attendaient point, car ils avaient vu que l'on ne daignait même pas tirer un coup de fusil.

Les autres radeaux firent de même, ce qui produisit un effet merveilleux et obligea les ennemis à rentrer dans leur retranchement. Nous fîmes tous nos efforts pour mettre à terre le plus vite possible et nous eûmes le bonheur d'arriver, les trois radeaux presque en même temps. Mais, à ce moment-là, les ennemis nous firent essuyer une des plus violentes décharges de coups de fusil ; quatorze soldats ou matelots furent blessés, ainsi que M. de la Gèverie, capitaine. Celui-ci fut si dangereusement atteint qu'il mourut quelques jours après.

Nous forçâmes ensuite le retranchement sans trouver beaucoup de résistance, quoique, dans toute son étendue, il fût gardé de plus de trois mille hommes.

Nous ne pûmes savoir que longtemps après la perte que les ennemis avaient faite à notre descente, car il est d'usage chez les Malabares d'enlever, autant qu'il est possible, les morts et les blessés, afin qu'ils ne tombent pas entre les mains de l'ennemi.

La facilité avec laquelle nous avions pris le retranchement semblait nous confirmer dans l'idée que nous n'avions à combattre que des infidèles peu disciplinés, mais nous vîmes bientôt, par la résistance que nous opposèrent les naires lors de la réduction du fort, que ce sont des gens non seulement braves mais intrépides tant sur la défensive que dans l'attaque. Mais revenons auparavant à la suite de notre descente.

Toutes nos troupes étant donc à terre et le retranchement des ennemis en notre pouvoir, ainsi que deux pièces de canon prises, à l'aide desquelles on avait tiré sur nous deux coups sans succès, nous ne pensâmes plus qu'à nous mettre en bataille et à prendre les dispositions nécessaires pour notre sûreté.

Nous marchâmes ensuite sur une ancienne poudrière que nous avions occupée il y a longtemps et près de laquelle se trouvait le bâton de pavillon que l'on avait planté, dans le temps que le prince Bayanor nous l'avait permis. Etant arrivés à cette poudrière, nous y attendîmes messieurs de Pardaillan et Deidier qui donnaient des ordres à bord des vaisseaux pour faire mettre à terre toutes les choses nécessaires à la formation d'un camp. Ces ordres étant donnés, messieurs de Pardaillan et Deidier rejoignirent, et vers quatre heures du soir, nous fûmes établis dans le camp; les tentes des soldats et des officiers, les palissades, les canons, tout était en place, et un puits avait été creusé.

Rien enfin ne manquait de ce que l'on crut utile

et nécessaire tant pour la sûreté que pour toute
autre chose, et, à six heures du soir, je fus poster
les gardes avancées et les postes selon la situation
de l'endroit, en occupant les points les plus avantageux.

Cela étant fait, nous n'avions plus, selon les
apparences, qu'à penser à nous tranquilliser. Nos
idées et nos espérances furent vaines, car, sur les
neuf heures du soir, nous eûmes une alerte annon-
cée par une de nos grand'gardes, qui fut attaquée
vigoureusement et avec des cris horribles. Mais
cette grand'garde, étant postée avantageusement,
fit bonne contenance et résista aux attaques des
ennemis. C'était M. de Zégombarde, lieutenant
des grenadiers, qui commandait ce poste. Il eut
seulement quatre de ses soldats blessés ; ceux-ci
revinrent aussitôt au camp et furent pansés par
le chirurgien-major de la *Vierge-de-Grâce*, que
M. de Pardaillan avait eu soin de faire mettre à
terre.

Les ennemis, n'ayant pu réussir à nous surprendre, ne firent plus que tirailler de poste en
poste et au hasard, la nuit étant fort obscure. Cela
nous obligea pourtant à passer une bonne partie
de la nuit sous les armes, et, pendant ce temps-là,
nous conférâmes conjointement, M. de Pardaillan,
M. Deidier et moi, sur le parti que nous aurions
à prendre pour le lendemain. Nous fûmes du sen-

timent unanime de former deux détachements, l'un
de cent cinquante hommes et l'autre de cent
hommes, qui iraient, dès le petit point du jour,
à la découverte du pays et surtout de la forteresse.

Ces deux détachements étant formés, le commandement de celui de cent cinquante hommes
me fut confié, et M. de Pardaillan se mit lui-même
à la tête du détachement de cent hommes. Nous
nous mîmes en marche, laissant dans le camp
M. de Bury, capitaine, avec le reste de la troupe,
et nous allâmes directement à un retranchement
que les ennemis avaient sur le haut d'une montagne. La veille, en apercevant ce retranchement,
nous avions jugé que sa distance du fort ne
devait pas être de plus d'une portée de canon et
qu'en nous en rendant maîtres, nous pourrions,
du haut de la montagne, voir le fort bien à découvert, de façon à pouvoir agir ensuite en connaissance de cause.

J'arrivai donc près du retranchement, après
avoir passé par des chemins affreux, tant par
l'épaisseur des bois que par la quantité de fossés
qu'il y avait depuis le bas jusqu'au haut de la
montagne, et j'envoyai avertir M. de Pardaillan
que j'avais aperçu que le retranchement était bien
gardé, comme mes batteurs d'estrade me l'avaient
rapporté, que je comptais attaquer les ennemis et
qu'il pourrait, de son côté, faire de même.

M. de Pardaillan s'était dirigé avec son détachement du côté de la mer, où, chemin faisant, il avait pris trois pièces de canon.

Quoique nous eussions défilé par deux chemins différents pour parvenir au retranchement, nous y arrivâmes tous les deux presque en même temps. A notre approche, les ennemis, se voyant investis par deux côtés, tirèrent sur nous quelques coups de fusil, tout en abandonnant le retranchement pour se retirer dans le fort, où il y avait déjà une bonne garde.

Nous étant rejoints, M. de Pardaillan et moi, ainsi que M. Deidier, celui-ci ayant suivi mon détachement, il nous fallut de nouveau conférer et mettre au jour nos idées sur la situation où nous étions. Nos sentiments différèrent, car M. Deidier fut d'avis que nous devions rester sur la montagne et dans le retranchement, et faire traîner incessamment des pièces de canon pour commencer une attaque en forme contre la forteresse. C'était pensé fort juste selon son métier, mais comme, suivant le nôtre, M. de Pardaillan et moi, nous avions d'autres idées, elles prévalurent sur l'opinion de M. Deidier; il fut décidé qu'on laisserait cinquante hommes pour la garde du retranchement et que nous marcherions en avant, du côté du fort, par deux chemins différents, pour juger plus positivement de sa situation.

M. de Pardaillan et moi, nous marchâmes donc vers le fort. Le chemin que je pris était, en plusieurs endroits, couvert de bois si épais que tout à coup je me vis seulement à une portée de pistolet du fort. M. de Pardaillan, qui avait défilé par un chemin plus facile et moins couvert que celui par où je passai, arriva au fort un moment avant moi et envoya dire au nambiar qu'il le sommait de rendre la place. Après quelques allées et venues inutiles, il fut répondu qu'on allait demander la dernière volonté du prince Bayanor. M. de Pardaillan, voyant bien qu'on voulait seulement gagner du temps, résolut de continuer sa marche et se dirigea vers une pointe de terre très-élevée, vis-à-vis du fort, où il prit trois pièces de canon et fit ensuite border la haie à son détachement. En voyant cette manœuvre, je crus que je devais continuer mon chemin du côté où je voyais la droite de M. de Pardaillan appuyée, et je m'approchai en même temps, le plus que je le pus, du mur du fort.

Avant que d'arriver à la suite des événements, il est bon de dire que la forteresse n'était pas encore achevée. La construction en était pourtant commencée depuis longtemps, puisqu'elle le fut peu après que quelques Français vinrent s'établir à Mahé, où le prince du pays ne leur avait permis de bâtir une loge que sous le fort, afin qu'il fût le maître de les chasser toutes et quantes fois qu'il le jugerait à propos ; ce qui ne tarda pas à arriver à l'instigation des Anglais qui, n'étant éloignés que d'une lieue, ne pouvaient nous voir établis à Mahé qu'à leur préjudice. En effet, le prince Bayanor, ayant reçu une somme d'argent de la nation anglaise, nous avait explusés en chassant ignominieusement cinquante hommes de troupe et plusieurs employés. Cette insulte, faite au pavillon français, fut la cause de l'expédition de Mahé.

Ayant donc joint la droite du détachement de M. de Pardaillan, nous aperçûmes, dans une espèce de fossé, des pièces de bois qui servaient, comme nous l'avons su plus tard, d'échafaudage pour les travaux du fort et nous crûmes que nous devions, sans nous arrêter à de grandes réflexions, profiter de ce que le hasard et la fortune nous offraient pour entreprendre de monter tout de suite dans la forteresse ; ce que nous fîmes au grand regret de ceux qui étaient dedans.

Nous montâmes donc dans le fort, par un coin d'un bastion, en passant les uns après les autres sur les deux planches que nous avions trouvées dans le fossé. Pendant ce temps-là, les ennemis, qui n'avaient témoigné aucune envie de défendre la forteresse, abandonnaient le bastion et la courtine et allaient se joindre à un grand nombre d'autres naires, qui se préparaient à nous bien recevoir dans une maison située au milieu de la forteresse. Autour de cette maison régnait un fossé d'environ vingt pieds de profondeur et huit au moins de largeur, suivant ce que j'avais aperçu du haut du bastion lorsque j'y étais monté pour considérer la situation de l'intérieur du fort.

Après que la compagnie des grenadiers et un détachement, que M. de la Méterie commandait, furent entrés dans le fort, j'aperçus deux sentiers, l'un à droite et l'autre à gauche, et je m'engageai dans celui de droite avec la compagnie des grenadiers, en ordonnant à M. de la Méterie de suivre celui de gauche et en lui recommandant d'observer les mouvements de ma troupe et de s'y conformer.

Nous fîmes mettre baïonnette au bout du fusil, avec défense de tirer sans ordre, et, nous étant mis en marche, nous arrivâmes à l'entrée de la maison où s'étaient retirés les naires. J'ordonnai à M. de la Méterie de se poster près de cette entrée et je marchai ensuite jusqu'à l'endroit où je trouvais, comme je l'avais pensé, une autre entrée à cette maison ; il y avait là un nombre infini de gens en grande rumeur ; voici ce que c'était.

Les naires avaient donné ordre à un certain nombre des leurs, qu'ils avaient aux environs du fort, de venir se joindre à eux, et, pour leur procurer une entrée dans le fort opposée à la nôtre, ils avaient fait dresser tout auprès de la porte de la maison une grande planche pour les faire entrer. Au moment où j'arrivai en cet endroit, nous nous rencontrâmes face à face. Leur surprise ne fut pas moins grande que la nôtre en nous voyant ainsi les uns près des autres, ce qui me fit naître dans l'instant un trait de prudence que je crus convenable dans la situation, les ennemis n'ayant pas encore tiré sur nous un coup de fusil. Ce fut de me présenter seul devant les naires qui montaient les uns après les autres dans le fort et de les désarmer, et défense à tout autre de mettre la main sur eux, de façon que la surprise et l'étonnement où ils furent ne leur permirent pas de faire la moindre résistance.

J'en avais désarmé environ une cinquantaine en les obligeant à entrer dans la maison retranchée où étaient les autres ; et, comme je faisais ma disposition pour entrer après eux et que j'en faisais donner avis à M. de la Méterie, j'entendis tout à coup un bruit horrible et des plus effrayants, que firent ceux qui étaient auparavant dans la maison, pour en chasser les naires qui s'étaient laissé désarmer et les obliger à reprendre leurs armes et à commencer à faire feu sur nous.

En effet, le chef de ceux qui étaient entrés, ayant paru à la porte devant laquelle je m'étais posté, sortit précipitamment, et, quand il eût aperçu les armes auprès de la porte où je les avais fait déposer, il se jeta dessus, donnant ainsi l'exemple à ceux qui le suivaient. Voyant que ce chef ennemi s'était emparé d'un fusil, je le lui arrachai des mains ; mais, comme il avait une serpe pendue au poignet, il s'en saisit et la leva pour m'en donner un coup sur la tête. J'évitai le coup par le mouvement que j'avais fait pour prendre le fusil. S'étant aperçu de ce qui venait de se passer, le grenadier qui était derrière moi se servit fort adroitement de sa baïonnette en la passant au travers du corps du chef ennemi, qui tomba à mes pieds. Les autres grenadiers le ramassèrent et le jetèrent du haut en bas de la courtine pour qu'il ne les embarrassât pas.

Témoins de la mort de leur chef, ceux qui étaient dans la maison commencèrent aussitôt à faire un grand feu de mousqueterie et nous tuèrent, dès leur première décharge, le capitaine des grenadiers et plusieurs soldats. Nous fîmes feu, de notre côté, et nous tuâmes aux ennemis quantité de monde. Les naïres firent alors plusieurs tentatives, mais inutilement, pour forcer les deux portes que nous gardions, M. de la Méterie et moi.

Comme les ennemis, qui étaient postés sur le haut de la maison, située au milieu du retranchement, continuaient à nous faire perdre du monde, je fis jeter plusieurs grenades sur cette maison dans l'intention d'y mettre le feu ; mais, voyant que cela ne réussissait pas et que les grenades retombaient en dedans, je détachais M. de Zégombarde, lieutenant, avec vingt hommes, pour favoriser la descente de quatre grenadiers que j'avais choisis pour aller mettre le feu à la maison au moyen de torches ; mais M. de Zégombarde ne fut pas plus tôt posté qu'il reçut deux coups de fusil au travers du corps ; il resta sur la place avec six de ses grenadiers et un quartier-maître du vaisseau la *Badine*, nommé Castillon, qui était volontaire, et que M. de la Feuillée m'avait donné comme un des plus braves hommes qu'il y eût.

Nous mîmes pourtant à exécution notre projet de mettre le feu à la maison : nos quatre grenadiers y entrèrent avec leurs torches à l'aide des mains de plusieurs de leurs camarades et du feu continuel que je faisais faire. Il y en eut deux de tués en descendant, mais les deux autres s'acquittèrent parfaitement de leur commission, et, le feu ayant pris à la maison avec violence, les ennemis firent les plus grands efforts, mais toujours inutilement, pour forcer les deux portes que nous gardions.

En faisant mettre le feu à la dite maison, qui ne pouvait être que le magasin à poudre des ennemis, j'avais craint que, lorsque le feu y prendrait, ses débris ne sautassent en l'air et ne retombassent de côté ou d'autre, où nous aurions du monde. Mais cela n'arriva pas, ou du moins si faiblement que

nous n'eûmes que quelques soldats blessés très-
légèrement.

Les pertes des ennemis furent considérables. Les
nôtres n'étaient pas aussi grandes à proportion.
M. de la Méterie qui défendait, comme je l'ai dit, la
sortie d'une des portes de la maison, fut blessé d'un
coup de fusil au travers de la cuisse, d'un coup de
sabre sur la tête et d'un coup de lance qui lui perça
la main droite ; mais, malgré toutes ses blessures,
il ne quitta jamais son poste.

Enfin, après deux heures et demie de combat, la
maison qui mettait auparavant les ennemis à l'abri
de notre feu étant brûlée, je jugeai qu'ils ne pense-
raient plus à se défendre. J'entrai donc dans la maison et je n'y trouvai de vivants qu'une quinzaine de
naires qui prirent le parti, plutôt que de tomber
entre nos mains, de se précipiter du haut en bas
des murailles ; mais ils tombaient plus loin sous le
feu des soldats que M. de Pardaillan avait fait poster
pendant l'action sur le flanc du bastion.

Nous eûmes des nôtres dix-sept tués et vingt-
quatre blessés, tant soldats que matelots ; dans le
nombre des blessés il y eut M. Magès, officier d'un
des vaisseaux que nous avions en rade. Le capitaine
de ce vaisseau m'avait prié de recevoir dans mon
détachement cet officier volontaire qui était son
parent, et je lui avais donné la droite du premier
rang des grenadiers. Ce M. Magès reçut sept coups

de serpe sur la tête et un coup de sabre sur le bras
qui le firent rester comme mort sur la place, mais,
ayant été secouru et pansé promptement, ainsi que
tous les autres, il guérit malgré ses nombreuses
blessures.

Après que nous eûmes reconnu nos morts et nos
blessés et quand je vis qu'il n'y avait plus dans la
forteresse que les morts des ennemis, j'envoyai
avertir le commandant général que tout était fini,
et M. de Pardaillan vint dans la forteresse, où il
vit la quantité de morts qu'avaient laissés les ennemis. Nous les fîmes mettre tous ensemble, puis on
les compta à mesure qu'on les jetait du haut en bas
de la muraille, pour les faire ensuite enterrer à une
certaine distance du fort et de la loge. Nous en trouvâmes trois cent quatre restés sur la place, ainsi
que les deux chefs ou commandants.

Tous les peuples de la côte malabare ont pour
armes des fusils très longs et d'un calibre fort
petit; les naires s'en servent très adroitement par
le grand usage qu'ils en font, soit aux exercices,
soit pendant le temps que les princes du pays se
font la guerre. Ils ont, en outre, le sabre qu'ils portent toujours nu, une serpe d'un fer très large et
longue d'environ un pied et demi, qu'ils portent
pendue à leur poignet, et des flèches à fer large et
bien pointu. Ils ont aussi des flèches carrées, avec
deux pointes recourbées, et, lorsqu'on a le malheur

d'être blessé d'une de ces flèches en quelque partie du corps que ce soit, il faut, pour la retirer, passer le roseau au bout duquel est le fer, à travers le cou ou le bras ou la cuisse. Les naires ont pour armes défensives des rondaches. Toutes ces armes sont fort bien tenues.

Je reviens à M. de Pardaillan qui, après avoir vu un si grand nombre de morts du côté des ennemis, fut étonné du peu que nous en avions. Il nous félicita du succès de nos armes dont il avait parfois douté, vu l'opiniâtreté des ennemis.

Le capitaine et le lieutenant des grenadiers furent enterrés avec les honneurs accoutumés, ainsi que tous les soldats qui avaient été tués.

Pour les morts des ennemis, l'on fit faire sur le bord de la mer un grand trou dans lequel on les fit tous mettre et couvrir de sable. Messieurs de Saint-Georges et de Cessel furent chargés de ce soin.

Nous n'eûmes plus ensuite qu'à aller nous tranquilliser, après avoir établi les postes en dedans et en dehors du fort. Sept à huit jours se passèrent sans que nous fussions inquiétés, mais, après ce temps-là, nous vimes arriver une troupe considérable d'ennemis qui ne pensaient qu'à se venger des pertes qu'ils avaient faites.

Dans ce but, ils revinrent sur la montagne dont j'ai précédemment parlé et s'établirent de nouveau dans le retranchement qui n'avait pas été détruit et que nous avions abandonné, bien que le sentiment de M. de Pardaillan et le mien eussent été de l'occuper pour nous mettre à couvert au fort, à la loge et aux autres endroits où nous avions établi des postes. Mais M. Mollandin et M. Tremisot, ancien chef du comptoir de Calicut, et aujourd'hui chef de celui de Mahé, prenant en considération les intérêts de la Compagnie et la facilité du commerce que l'on prétendait faire, dans la suite, au dernier comptoir, nous firent entendre qu'il fallait se restreindre à la conquête du fort et à la proximité de la rivière.

Le fort est situé à l'entrée de la rivière, sur une pointe qui est dominée par une autre, laquelle est celle par où nous montâmes dans le fort et que M. de Pardaillan occupa, tout le temps que l'affaire dura, pour observer les mouvements des ennemis qui étaient postés sur des hauteurs.

Quant à la loge, qui n'est pas à plus de quinze pas du fort, elle est commandée et dominée extraordinairement. La rivière en baigne les murs, et, comme on a fait un petit quai sous la loge, les canots des vaisseaux et autres embarcations du pays viennent y aborder.

De l'autre côté de la rivière est le pays du prince Cougninaire, notre ami et allié, et le seul des princes malabares qui nous ait favorisés dans toutes nos entreprises. Ce pays forme une chaine de montagnes tout le long de la rivière, ce qui nous obligea d'occuper les deux principales comme nous avons toujours fait jusqu'aujourd'hui.

A l'opposite de ces montagnes, il en paraît deux autres presque à la même hauteur, dans le pays du prince Bayanor, notre ennemi, dont l'une est à une portée de canon dans les terres, et l'autre est celle ou se trouvait le retranchement que nous avons pris. Cette dernière, qui est presque sur le bord de la mer, est celle que, par les raisons politiques des chefs de comptoir, nous n'occupâmes point, ce qui nous occasionna une continuation de guerre qui nous fit perdre encore quantité d'honnêtes gens en officiers et en soldats, car les ennemis, comme je l'ai dit précédemment, ayant vu que nous avions abandonné le retranchement, étaient venus l'occuper eux-mêmes quelques jours après. Ils s'y étaient établis jusqu'à y faire porter quatre pièces de canon de huit qui furent mises en batterie en fort peu de temps, et ils faisaient un feu continuel de cette artillerie sur le fort et sur nos postes avancés que nous n'avions pas eu le temps de mettre à couvert.

Cela nous incommodait très fort jour et nuit et surtout au moment où nous relèvions nos gardes et nos postes ; nous perdimes dans ce temps-là encore quelques soldats. C'est ce qui nous fit connaître le tort que nous avions eu d'avoir déféré aux raisons de politique et de commerce qu'on nous avait fait observer au préjudice de notre sûreté.

Il fallut cependant se déterminer à chasser les ennemis de leur retranchement. Je m'offris pour les aller débusquer, et messieurs de Pardaillan et Deidier, qui formaient avec moi une espèce de conseil de guerre, acceptèrent ma proposition. Trois détachements furent formés et eurent ordre de se tenir prêts à marcher deux heures avant le jour. Le premier détachement fut de cent cinquante hommes, le second, de cent hommes, et le troisième était composé de cent matelots. Je me mis à la tête du premier détachement, le second fut commandé par M. de la Méterie, et M. de la Bourdonnais, second capitaine du vaisseau la *Badine*, commanda le troisième détachement, formé de cent matelots sans armes et munis seulement des choses nécessaires pour emporter, si on le pouvait, les quatre pièces de canon qui faisaient un feu continuel sur nous.

Toutes choses étant prises et en état, nous partîmes une heure avant le jour et j'allai m'embusquer avec mes cent cinquante hommes à une certaine distance de l'endroit qu'occupaient les ennemis. Je laissai M. de la Méterie assez loin derrière moi pour m'assurer de ma retraite, la situation du pays demandant cette sage précaution.

Les cent matelots qui avaient eu ordre de suivre à
la queue de mon détachement s'embusquèrent
comme moi, et nous attendîmes l'aurore.

Le petit point du jour ayant paru et la disposition de la marche étant faite, nous fondîmes avec
vigueur sur les ennemis ; ils eurent à peine le temps
de nous apercevoir que nous étions à une demi-
portée de pistolet d'eux. Je fis faire alors une décharge si à propos d'une partie de mon monde
qu'il resta sur la place un grand nombre d'ennemis.
Nous aperçûmes ensuite, sur notre gauche, les
approches du retranchement, où nous fûmes tous,
mais à ce moment-là, plus de quinze cents naires,
qui avaient abandonné le retranchement et le haut
de la montagne, et qui s'étaient jetés dans les chemins creux et fossés du versant opposé, firent sur
nous, à leur tour, une violente décharge de mousqueterie. Nous eûmes hors de combat huit soldats
qui furent tués et trente-sept blessés ; parmi ces
derniers, se trouva M. de Plaisance, lieutenant, que
je fis renvoyer sur le champ au détachement de
M. de la Méterie, et ensuite au fort.

M. de Pardaillan m'avait donné son maître canonnier, pourvu de plusieurs fiches d'acier et d'un
marteau pour enclouer les pièces de canon ; indépendamment de cela, j'avais eu la précaution de
m'en pourvoir d'une même quantité, et j'avais dit
à M. de la Bourdonnais d'en faire de même. Etant

donc parvenu à l'endroit où étaient les pièces de canon, et, faisant faire toujours feu sur les ennemis, je fis enclouer ces quatre pièces, n'ayant pu les emporter par suite de leur grosseur et de la difficulté du chemin.

Ayant opéré selon nos désirs et nos souhaits, nous dûmes penser à nous retirer et faire en sorte qu'au moyen d'une bonne manœuvre nous ne perdissions pas autant de monde que je voyais apparence d'en perdre, m'imaginant bien qu'aussitôt que nous aurions quitté le haut de la montagne les naires viendraient l'occuper. Afin de les contenir toujours à une certaine distance, je me retirai en bataille en faisant faire toujours face à l'ennemi par mon dernier rang, et j'envoyai l'aide-major avertir M. de la Méterie qu'il eût à avancer sur moi à mesure que je me retirerais. L'aide-major avait eu ordre de dire à M. de la Méterie que, lorsqu'il serait arrivé, et moi aussi, à une certaine distance, je ferais faire un quart de conversion à ma troupe pour lui ouvrir le chemin, afin qu'il pût, à son tour, faire face à l'ennemi, pendant que je serais occupé à me rallier et à former ma troupe comme auparavant. Cette manœuvre devait se faire alternativement jusqu'au moment où nous nous trouverions sous le feu de la forteresse; M. de la Méterie l'exécuta parfaitement.

M. de Pardaillan avait donné ordre qu'on tirât

sans cesse le canon sur les ennemis pendant tout le temps que durerait cette manœuvre, ce qu'il était difficile de faire sans que nous fussions exposés nous-mêmes ; mais, par l'habileté de M. de Surville, lieutenant du vaisseau de M. de la Méterie, nous n'en fûmes point incommodés mais bien les ennemis, après que nous fûmes à une certaine distance de la montagne. Cependant cela n'apaisa pas la fureur des ennemis, qui nous poursuivirent jusque dans nos palissades, malgré les grandes pertes qu'ils éprouvaient. De notre côté, nous eûmes douze soldats de blessés et deux de tués dans notre retraite ; cette perte, jointe à celle que nous fîmes au commencement de l'affaire, diminua beaucoup notre garnison.

Après que nous fûmes rentrés dans le fort, l'ennemi continua à tirailler le reste de la journée sur nos postes, et M. Tremisot, directeur, y fut blessé d'un coup de fusil à la jambe.

Deux jours après, nous fîmes encore une sortie ; M. de Vanelly, lieutenant, y fut tué, et trois soldats et un sergent furent blessés.

Les ennemis quittèrent, à leur tour, la montagne, après avoir démoli le retranchement de terre, et se retirèrent aux environs de deux pagodes, sans doute pour projeter quelque moyen de nous nuire. J'envoyai, pour les aller observer, un détachement de cinquante hommes, commandé par M. de Bury, capitaine. Mais cet officier, peu expérimenté, manqua de précaution en négligeant de laisser derrière lui une retraite assurée, après avoir passé par des chemins coupés de fossés et couverts de bois épais, et les ennemis ne manquèrent pas de venir se saisir de ces chemins afin de le mettre entre deux feux.

Il faut que je rapporte ici que M. de Pardaillan et plusieurs autres messieurs de mes amis m'avaient engagé, quelques jours auparavant, à faire une partie de chasse avec eux, à quoi je n'avais consenti qu'à force de prières, ayant, pour ainsi dire, quelque secret pressentiment qu'il m'arriverait quelque chose de fâcheux. Cependant je me laissai persuader et je me rendis à cette partie de chasse. Mes pressentiments ne furent pas trompeurs, car mon fusil éclata en pièces au premier coup que je tirai sur une bécassine ; il ne me resta en main que la crosse. Mon fusil avait crevé à l'endroit du tonnerre, et je fus étourdi à tel point que je perdis connaissance.

Quand elle me revint, je vis tout auprès de moi messieurs Gaillard et de Saint-Georges qui étaient accourus à mon secours et je m'aperçus, en ressentant une vive douleur, que plusieurs morceaux du bois du fusil m'étaient entrés dans le bras gauche et que le feu de la poudre avait brûlé ma chemise. Messieurs Gaillard et de Saint-Georges m'accompagnèrent jusqu'à la forteresse, où je me fis panser par M. Longrez, chirurgien-major du

vaisseau *le Triton*; il me tira deux morceaux de
bois du fusil qui m'étaient entrés entre les deux
nerfs du bras. Je vis bientôt que cela n'aurait pas
de mauvaises suites, et j'en fus quitte pour porter
le bras en écharpe pendant deux mois.

Je suis entré dans ce détail pour revenir au détachement que commandait M. de Bury et qui, dans
la même plaine où nous avions fait notre descente,
se vit enveloppé d'un nombre infini d'ennemis, ce
qui fut tout aussitôt rapporté au fort, afin qu'on
pût le dégager promptement de cette situation.

Je fis alors rappeler dans le fort et à la loge, pour
rassembler une partie de nos soldats et en former
un détachement. Nous n'étions plus qu'un petit
nombre d'officiers ; ceux sur lesquels on aurait dû
le plus compter étaient morts et je me vis obligé,
malgré les douleurs que je ressentais, de me mettre
à la tête du détachement, qui fut formé avec une
diligence extrême.

Nous avions dans nos compagnies quatre cadets
qui furent joints à ce détachement. Messieurs
Gaillard, de la Bourdonnais et de Saint-Georges
en firent aussi partie, les deux premiers comme
volontaires et le dernier en qualité d'aide.

Mon détachement pouvait être composé d'environ cent hommes, et je ne laissai, pour ainsi dire,
que les gardes qu'il y avait dans le fort et ailleurs.
Je marchai en diligence mais cependant toujours

en bon ordre, et je passai par où je pouvais juger que je secourerais plus promptement la troupe assaillie. Je laissai sur la hauteur de la montagne M. de la Tour, lieutenant, avec trente hommes pour favoriser ma retraite, et, quand j'arrivai dans la plaine, je fis mettre baïonnette au bout du fusil pour forcer à se disperser les ennemis qui tenaient toujours investi le détachement de M. de Bury.

La vue des baïonnettes ne tarda pas à décider les ennemis à aller se joindre à leurs autres corps ; ils nous firent un feu considérable mais mal dirigé et d'assez loin. Cependant ils nous blessèrent six soldats européens et quatre soldats topas.

Nous étant joints au détachement de M. de Bury et ne faisant plus qu'un corps, nous fîmes feu sur les ennemis ; et, quand nous eûmes employé presque toutes les poudres et les balles que nous avions, nous nous retirâmes du côté de la mer pour faire ensuite notre retraite avec sûreté. Nous y trouvâmes un canot — chargé de poudre, de balles et d'eau-de-vie — que M. de Pardaillan nous avait envoyé pour emporter les blessés et les tués, qu'il s'était bien imaginé qu'il pouvait y avoir.

Je fis halte et j'envoyai en avant vingt hommes avec un officier pour tirailler sur les ennemis, afin de nous donner le temps d'embarquer nos blessés et de prendre nos poudres et nos balles.

Cela étant fait, nous nous mîmes en marche pour

rentrer au fort, en passant par l'endroit où j'avais laissé M. de la Tour. Dans ce trajet, nous essuyâmes encore quelques coups de fusil mais sans effet. M. de Pardaillan, ayant vu par lui-même le feu que nous avions essuyé dans la plaine, fut charmé de nous voir de retour avec un si petit nombre de blessés.

Notre troupe diminuait pourtant tous les jours ou par la mort de ceux qui avaient été blessés ou par la désertion des soldats qui passaient au service des Anglais, établis, comme je l'ai précédemment dit, à une lieue seulement de Mahé, et nous nous vîmes obligés à ne plus rester que sur la défensive.

Les ennemis, se rendant compte de notre situation, voulurent en profiter et revinrent, quelques jours après, se saisir de la montagne où se trouvaient encore leurs quatre pièces de canon encloueées, et, s'y étant retranchés avec une diligence surprenante, ils se fortifièrent de telle façon que, dans la suite, il eût fallu un nombre considérable de troupes pour les chasser. Ils avaient fait deux grands retranchements, l'un soutenant l'autre, palissadés en dehors et flanqués de deux petites redoutes de terre qui les mettaient en toute sûreté contre nos attaques, surtout dans la situation où nous étions.

Leurs retranchements étant faits et parfaits, les

ennemis y établirent six nouvelles pièces de canon en bon état et commencèrent à nous les faire entendre jour et nuit, en tirant sur le fort et sur les allants et venants de poste en poste, ce qui nous obligea à faire faire des chemins couverts pour les communications d'un poste à l'autre et du fort à la loge.

Ni la poudre ni les boulets ne manquaient aux ennemis. M. Adam, directeur anglais à Tellichéry, leur en fournissait, et même des canonniers européens et de l'argent pour payer leurs troupes, et quantité de riz, selon l'engagement qu'il en avait fait avec le prince contre qui nous faisions la guerre. Etant ainsi secourus, les ennemis avaient résolu de nous inquiéter à tel point qu'ils pensaient que nous serions un jour obligés d'abandonner le fort faute de poudre, de vivres et de troupes.

M. de Pardaillan, qui était à Mahé, depuis déjà trois mois, avec ses six vaisseaux, songea à partir, et, après nous avoir remis tout ce qu'il pouvait nous laisser en toutes choses, il mit à la voile avec cinq gros vaisseaux, nous en laissant un pour envoyer chercher des vivres et des munitions de guerre.

Comme nous faisions feu nuit et jour pour répondre au canon de l'ennemi, nous fûmes bientôt dans une grande nécessité de poudre, de boulets et d'armes. Ayant un vaisseau en rade, nous jugeâmes

à propos de l'envoyer à Goa, établissement de la
nation portugaise, avec une lettre du conseil de
guerre, que nous avions établi après le départ de
M. de Pardaillan. Nous demandions par cette lettre
du secours en poudre, boulets, armes, mortiers,
bombes, et tout ce que nous pouvions juger qui
pouvait nous être utile.

Le vice-roi à qui nous nous étions adressés nous
répondit fort gracieusement qu'il mettait à notre
disposition non seulement tout ce que nous demandions dans notre état, mais encore des troupes s'il
le fallait ; mais, comme nous en avions demandé à
Pondichéry par le départ des vaisseaux, ainsi que
de l'argent, nous fimes au vice-roi les remerciements
que méritaient ses offres gracieuses.

Le secours de Goa nous étant venu plus tôt que
celui de Pondichéry, nous mîmes en batterie le mortier que nous avions reçu ; puis, ayant lancé plusieurs bombes dans les retranchements des ennemis, nous mîmes deux fois le feu aux baraques qu'ils
avaient faites pour leur logement. Quantité d'armes
à feu y furent brûlées, et, deux ou trois fois,
quelques pièces des canons ennemis démontées.

Les naires perdaient beaucoup de monde, mais
ils ne se rebutaient pas, étant soutenus par les Anglais qui leur faisaient entendre que notre garnison
était très diminuée et que nous ne pouvions pas
nous maintenir bien longtemps.

Il y avait quelques jours que nous jetions des bombes sur le retranchement ennemi, lorsque nous vimes apparaître, au nord de Mahé, trois gros vaisseaux avec pavillon blanc, qui cherchaient à venir mouiller dans la rade de Mahé, contre toute attente à cette époque-là, c'est-à-dire à la fin de juillet, car le temps y est ordinairement mauvais. Ces trois vaisseaux allaient à Pondichéry, venant de France ; à bord de l'un d'eux était M. le Noir, qui allait à Pondichéry en qualité de gouverneur pour y relever M. de Beauvollier.

En approchant de la rade, M. le Noir fut très surpris d'entendre des coups de canon et de voir jeter des bombes. Il ignorait ce nouvel établissement, et, quand il eut mouillé, M. Tremisot, directeur, fut tout aussitôt à bord et l'informa de tout ce qui en était.

M. le Noir voulut en juger par lui-même en mettant à terre. Le nouveau gouverneur de Pondichéry et les sept à huit personnes qui l'accompagnaient s'embarquèrent dans deux ou trois canots, mais les naires firent de grandes décharges de coups de fusil sur ces embarcations. J'en fus averti et j'envoyai aussitôt sur la côte cinquante hommes pour faire cesser le feu des ennemis.

Après qu'il eut débarqué, M. le Noir passa par une batterie de six pièces de canon que nous avions établie sur la pointe, et il ne pouvait passer par ailleurs. Les ennemis, jugeant qu'il n'y avait pas d'autre chemin, firent pointer toutes leurs pièces sur cette batterie au moment où y parurent M. le Noir et les personnes qui l'accompagnaient.

Le résultat répondit à l'attente des ennemis, car un de leurs boulets, ayant donné dans l'embrasure et sur une de nos pièces de canon, le maître canonnier qui était là pour faire également sur les ennemis, eut le bras droit emporté, et un soldat qui servait les pièces fut tué raide. M. le Noir, à cet aspect, resta tout interdit et tout immobile, ayant perdu jusqu'à l'usage de la parole, ce qui ne me surprit pas de la part d'un homme qui n'avait jamais vu autre sang répandu que celui que les médecins font couler dans quelque palette.

J'étais venu recevoir M. le Noir à la batterie et je le conduisis dans le fort et chez moi, où il se remit. Les messieurs qui l'avaient accompagné n'avaient pas éprouvé moins de frayeur.

M. le Noir resta jusqu'au lendemain à la pointe du jour qu'il se rembarqua, après avoir eu plusieurs conférences sur notre situation et sur tout ce qui pouvait regarder la conservation du nouvel établissement. Comme, pour le conserver, il fallait de l'argent et des troupes, M. Tremisot fit la demande des finances et moi celle des officiers et des soldats, ainsi que des munitions de guerre et des ustensiles qui pouvaient nous manquer. M. Deidier, de son côté, fit ses représentations pour ce qui regardait son ministère de génie.

Nous ayant témoigné toute la volonté possible de nous satisfaire les uns et les autres, M. le Noir se rembarqua et nous fit envoyer du bord des vaisseaux de la poudre, des boulets et des armes, et enfin tout ce qui pouvait nous mettre en état d'attendre les autres secours qu'il devait nous envoyer de Pondichéry ; ce qu'il fit, à la réserve des troupes ; il n'envoya que la moitié de celles que j'avais demandées et deux officiers seulement.

Les cent hommes que nous avions reçus ne nous suffisaient pas pour attaquer les ennemis dans leur retranchement et nous restâmes sur la défensive, en attendant les troupes que le Conseil de Pondichéry avait envoyé demander aux iles de France et de Bourbon. Mais il fallait attendre encore longtemps ce secours, et il y avait déjà huit mois que la guerre durait.

D'un autre côté, les ennemis n'osant plus espérer un abandon de notre part, se décidèrent à nous faire faire des propositions de paix et d'accommodement, tant pour l'établissement du commerce que pour le terrain que nous avions conquis.

Nous reçûmes agréablement ces propositions pour voir finir la perte de bien des braves gens que nous perdions tous les jours. Nous eûmes, en différents temps, trois officiers de tués indépendamment des premiers que j'ai déjà nommés. Ces trois officiers sont messieurs de Vanelly, de Cessel et le Sage.

Les pertes des ennemis, selon leur aveu, sincère en apparence, se montaient à plus de quinze cents naires, mais nous avons toujours jugé que les pertes qu'ils firent, pendant cette guerre qui dura environ dix mois, étaient plus considérables que cela.

Une trêve de deux mois fut donc acceptée, et, nous étant donné réciproquement des otages, nous fîmes intervenir comme médiateurs les ministres du roi de Calicut, ce prince étant le plus puissant de toute la côte. Etant, d'ailleurs, porté pour la nation française, il voulut bien être l'arbitre de la paix, qui fut conclue le 8 octobre 1726, avec les avantages que nous pouvions désirer, c'est-à-dire la concession du terrain que nous occupions déjà et une grande diminution des droits pour le commerce du poivre.

Par un article particulier, le prince Bayanor dut retirer toute l'artillerie qu'il avait sur les deux montagnes, et nous assistâmes ensuite à la démolition des retranchements et des postes que les ennemis y avaient faits.

Les retranchements étant rasés et les troupes de Bayanor retirées, il ne restait plus que la cérémonie de l'entrevue qui est en usage au Malabar pour assurer et affermir les articles de paix. Cette entrevue eut lieu dans la plaine d'Anjigondy, où nous avions fait notre descente. Nous apportâmes, dans cette occasion, toutes les précautions imaginables pour prévenir la mauvaise foi dont les princes de ce pays font profession, lorsqu'ils ne s'aperçoivent pas de quelque méfiance de la part de ceux avec qui ils traitent. Le même prince avec qui nous traitions avait déjà donné une preuve de sa mauvaise foi à la paix qu'il fit à Anjengo avec les Anglais, qui s'étaient emparés de cette ville ainsi que nous avons fait de Mahé. Les Anglais perdirent alors, par la bonne foi où ils étaient, six officiers ou employés et quatre cents hommes de troupe.

La cérémonie de l'entrevue consiste à recevoir le présent d'usage en la présence des deux chefs et de l'arbitre; c'est ce qui se fit, et, pour le véritable sceau des articles de paix, le prince avec qui on traite donne une grosse manille d'or, qu'il met lui-même autour du bras, à tous ceux qui se trouvent présents tant officiers qu'employés. Ayant reçu ces manilles, nous nous retirâmes en bon ordre avec le détachement de deux cents hommes que j'avais pris avec moi et les cinq cents naires du prince Cougninaire qui nous avaient fait escorte.

Nous envoyâmes aussitôt un patemar à Pondichéry pour donner avis que la paix était faite, afin que l'on prit d'autres mesures puisque notre situation avait changé. Mais M. le Noir, de l'avis du Conseil, me marqua de ne partir de Mahé que lorsqu'il serait assuré que toute crainte d'un retour offensif, de la part du prince qui était si irrité contre nous, aurait tout à fait disparu.

Peu de temps après la conclusion de la paix eut lieu la chasse solennelle que les naires de la côte malabare sont obligés de faire tous les ans au mois d'octobre. Cette année 1726, les deux jours de chasse tombèrent les 23 et 24 octobre. Le prince Cougninaire nous invita à cette chasse. Quelques messieurs de notre garnison s'y rendirent, savoir : le chevalier de Palmaroux, lieutenant, messieurs Desormeaux, sous-lieutenant, Saint-Dié, cadet, la Gouge, chirurgien, et la Lande, employé. Ils étaient accompagnés d'un certain nombre de naires de Cougninaire.

Les alliés des Anglais, entre autres, les naires de Narangaporote, se rendirent, de leur côté, à cette chasse, mais ces derniers étaient accompagnés d'une troupe anglaise qui avait avec elle des petits canons de campagne et des mortiers à doubles grenades.

Cet appareil de guerre à une partie de chasse ne nous permit pas de douter de quelque dessein prémédité du chef anglais de Tellichéry, qui, depuis le peu de temps que nous avions fait la paix avec

Bayanor, avait déjà essayé de soulever les Malabares contre nous. En effet, les naires de Cougninaire, notre allié, furent attaqués par les naires de Narangaporote et par la troupe anglaise. Voici comment les choses se passèrent.

Les naires de Cougninaire et ceux des officiers de notre garnison qui prenaient part à la chasse, ayant lancé un sanglier dans la montagne de Caricounou, le poursuivirent jusqu'au pied de la montagne, où ils rencontrèrent des Anglais qui leur firent compliment de leur chasse. M. de Palmaroux et des naires qui étaient avec lui avaient blessé le sanglier, qui prit la fuite dans le bois de la montagne nommé Mallé, mais, afin d'éviter de se mêler avec les gens des Anglais, ils ne jugèrent pas à propos de le poursuivre. Bien leur en prit, car, un moment après, les Anglais qui étaient dans le bois de Possèle, firent feu de mousqueterie et d'artillerie sur ceux des naires de Cougninaire qui étaient au bas de la montagne de Caricounou, du côté de la mer.

M. de Palmaroux et les autres messieurs, ayant envoyé aussitôt à Mahé pour avertir de ce qui arrivait, revinrent eux-mêmes à la forteresse. M. Deidier, ingénieur, et M. Louet, employé, se transportèrent au fort de Courchy pour se rendre compte de ce qui se passait, et ils virent les Anglais qui tiraient sur les naires de Cougninaire avec des mortiers à grosses grenades et du canon de huit, ce qui dura jusqu'au soir.

Le lendemain, 24 octobre, je fus averti par l'officier de garde de Courchy que les hostilités recommençaient, et je me rendis, accompagné de M. Lambert, au fort de Courchy d'où nous vîmes les Anglais tirant, comme la veille, sur les gens de Cougninaire. La canonnade dura tout le jour et les boulets allaient jusque dans les postes où nous avions garnison.

Nous fîmes nos représentations à ce sujet et adressâmes à M. Adam et à son Conseil à Tellichéry une lettre que signèrent avec moi messieurs Tremisot, Deidier et Mollandin. Nous marquâmes dans cette lettre que nous ne pouvions souffrir que l'on fît plus longtemps la guerre à l'un de nos alliés, sur les terres duquel on ne pouvait ignorer que nous avions plusieurs garnisons depuis plus de six mois, et que, dans cette situation, faire la guerre à Cougninaire, c'était la faire à nous-mêmes.

Les Anglais s'excusèrent assez mal, prétendant qu'ils faisaient avec les naires, leurs alliés, une ronde de leurs limites et conquêtes lorsqu'ils vinrent à rencontrer la chasse, et qu'ils n'avaient eu aucune intention de faire acte d'hostilité mais avaient voulu seulement faire respecter leurs limites.

Un vieux levain de jalousie se faisait sentir dans la réponse des Anglais ; ils rappelaient les anciens griefs qu'ils pouvaient avoir eus contre nous et nous reprochaient d'avoir donné assistance à Bayanor quand il était en guerre avec eux. Ils ajoutaient que notre alliance avec Cougninaire ne tendait, comme celle que nous avions eue auparavant avec Bayanor, qu'à les troubler dans la libre jouissance de leurs limites et conquêtes, qu'ils avaient, eux seuls, le droit de demeurer dans les terres de Couringhoda et que nous n'avions pas celui d'entretenir une garnison dans ce pays.

Ce différend dura cinq à six jours, pendant lesquels M. Tremisot et moi, nous échangeâmes plusieurs lettres, quelque peu aigres, avec M. Adam, gouverneur de Tellichéry, et avec M. Duglas, capitaine des troupes anglaises.

Messieurs Deidier et Lambert, ne songeant plus dès lors qu'à la sûreté de la forteresse, continuèrent, avec toute la diligence possible, les travaux qui restaient à faire. Ils avaient reçu, depuis plusieurs mois, quatorze cents maçons de Pondichéry et des fonds pour faire travailler, et, malgré la faiblesse de notre garnison, nous nous regardâmes en toute sûreté.

J'informai le Conseil de Pondichéry du bon état de la forteresse, et, par le même courrier, je demandai à être relevé pour m'en retourner à ma première destination, mais il me fut répondu qu'il était nécessaire que je restasse encore une année à

Mahé pour en assurer la position. Le Conseil me marquait les inquiétudes où il serait si je revenais à Pondichéry avant que l'on nous eût envoyé un secours en soldats et en officiers, que l'on attendait des îles Bourbon et Maurice. On me laissait la liberté de retourner à Pondichéry quand ce secours serait arrivé, ce qui ne put se faire que quinze mois après.

En effet, M. Mascle, qui avait été nommé pour venir me relever, et M. Vacher, tous les deux capitaines à l'île Bourbon, passèrent dans l'Inde avec soixante hommes de troupe. On avait déjà envoyé mon frère [1] avec M. du Gairosse, enseigne, pour augmenter le nombre des officiers. M. de Lorme, second à Pondichéry, était venu par la même occasion à Mahé pour prendre connaissance de ce nouvel établissement, où il est resté pendant cinq mois, après lesquels nous partîmes ensemble.

Mais, avant de parler de mon départ, il faut que je dise que M. de Marquessac, enseigne des vaisseaux du Roi, qui commandait le *Solide*, passa par Mahé en allant à Pondichéry. A son arrivée, il m'apprit qu'il m'apportait la croix de Saint-Louis et qu'il avait mission de la remettre à

---

[1] Bertrand de la Farelle, frère jumeau du major de Pondichéry, était passé aux Indes avec une commission de capitaine en date du 23 décembre 1726. (Archives du Ministère de la marine et des colonies).

M. des Boisclairs, officier du Roi et ancien chevalier, à qui le Ministre l'adressait pour qu'il procédât à la cérémonie de ma réception.

Cette nouvelle doubla le plaisir que j'avais de voir M. de Marquessac et de renouveler connaissance avec lui. Une lettre du Roi et une autre du Ministre m'ordonnaient de me rendre auprès de M. des Boisclairs, afin que les ordres donnés fussent exécutés, mais la chose n'était pas possible, M. des Boisclairs étant à Pondichéry et moi à Mahé ; on me renvoya les ordres du Roi et la croix par la *Marie-Gertrude*. C'est par ce vaisseau qu'arrivèrent à Mahé M. de Lorme, second à Pondichéry, et messieurs Chambon et du Gairosse, ainsi que mon frère qui était arrivé à Pondichéry par le vaisseau de M. des Boisclairs.

Ma surprise fut des plus agréables lorsque j'appris que mon frère venait dans l'endroit où j'étais, mais le plaisir de nous trouver ensemble ne devait pas être de longue durée, car je sus, par le vaisseau qui amenait mon frère, que je devais m'en retourner à ma première destination c'est-à-dire à Pondichéry.

Cependant, comme on ne naviguait que par moussons, il fallut attendre d'abord la mousson du départ, puis attendre qu'on eût chargé de poivre deux vaisseaux qui étaient en rade de Mahé. Celui par lequel mon frère était venu arriva le 1er décembre 1727, et, comme je partis le 1ᵉʳ mai 1728, il s'écoula donc, de l'arrivée de mon frère à mon départ, un espace de cinq mois, que nous passâmes le moins mal qu'il nous fut possible.

Maintenant, je vais rapporter ce qui nous est arrivé dans le vaisseau la *Minerve*, sur lequel nous repassions à Pondichéry. Quatre jours après notre départ de Mahé, nous nous trouvâmes par le travers de l'ile de Ceylan, ayant eu le plus beau temps du monde jusque-là ; mais, dans la nuit du 4 au 5 mai, il s'éleva un vent si affreux et il tomba une pluie si abondante, accompagnée d'éclairs et de tonnerre, que le plus intrépide marin en eût été effrayé.

Quand on eut cargué toutes les voiles, il fallut se soumettre à la violence du vent et à l'agitation de la mer, qui s'éleva à une hauteur prodigieuse. On peut penser qu'avec un temps pareil nous n'avions, ni les marins ni ceux qui ne l'étaient pas, l'esprit fort tranquille, et surtout après que le tonnerre fût tombé, vers une heure après minuit, au milieu de notre vaisseau, en nous démâtant de notre mât de hune et en offensant notre grand mât en plusieurs endroits.

L'officier de quart fut enlevé par un tourbillon de vent et jeté contre les galhaubans et les haubans qui, heureusement, le firent retomber sur le gaillard, mais sans connaissance.

M. de la Baume, quoique officier de peu d'expérience, se tira parfaitement bien de tous les débris de la tempête. Il fallut que chacun y mit la main ; les matelots faisaient les manœuvres du haut, et soixante soldats, qu'heureusement nous avions embarqués à Mahé pour les ramener à Pondichéry, travaillaient en bas. Tout allait aussi bien qu'on pouvait le souhaiter, lorsqu'on vint nous dire qu'il y avait trois pieds d'eau dans la cale ; ce fut alors que nous nous trouvâmes désagréablement surpris. Il fallut aussitôt mettre du monde aux deux pompes, et deux officiers des troupes, qui repassaient comme moi à Pondichéry, eurent ordre de faire pomper continuellement les soldats.

Le temps, devenant plus beau d'un moment à l'autre, nous donna la facilité de pourvoir à tout. Cependant, le vaisseau faisait toujours la même quantité d'eau, et nous avions grande crainte de couler bas, ou d'être obligés de nous résigner à nous aller échouer sur l'île de Ceylan et à devenir esclaves en tombant entre les mains du roi de Candy, le plus puissant de cette île ; ce qui fut le sort d'un lieutenant des vaisseaux du Roi, il y a environ trente ans. Voici ce qui nous a été rapporté à ce sujet.

Le marquis de Roquefeuil, commandant une escadre de quatre vaisseaux, avait envoyé à terre pour reconnaître le pays et pour se procurer de gré ou de force le lait dont on manquait à bord. Le lieutenant qu'on avait chargé de ce soin, fut pris dans la chaloupe au moment de débarquer, et emmené pour être esclave. Il est vrai que sa bonne mine lui a été favorable, et, après quelques années d'esclavage, ayant été choisi pour discipliner les troupes, il y parvint au gré du désir du roi et fut élevé à une plus haute dignité. Enfin, cet officier, n'ayant aucune espérance de revoir la patrie, s'attacha aux intérêts du roi et devint le premier ministre de ce prince qui le maria et lui donna de gros revenus. Il eut des enfants. C'est ce que l'on a appris de lui-même par deux lettres qu'il a eu occasion d'écrire au Conseil de Pondichéry.

Nous arrivâmes en cette ville quatorze jours après l'ouragan, et nous rendîmes grâces à Dieu de nous avoir préservés ou d'une mort affreuse ou du plus triste sort, en donnant assez de force à nos soldats pour pomper sans relâche jusqu'à Pondichéry.

On avait laissé le détachement de soldats dans le vaisseau pour l'envoyer à Bengale et pour continuer de pomper jusque-là, mais la *Minerve* coula bas en entrant dans la rivière. Tout le monde se sauva à l'aide des bateaux que l'on avait envoyés pour notre débarquement.

Etant donc de retour à Pondichéry, j'y repris mes fonctions de major.

PIÈCES JUSTIFICATIVES

I

COMMISSIONS & BREVETS

DU CHEVALIER DE LA FARELLE [1]

———

Le chevalier de la Farelle, nommé lieutenant au mois de mars 1706, perdit sa commission, comme on le verra plus loin, à la levée du siège de Barcelone.

La pièce qui suit en tiendra lieu.

I.

Ordre du Roi au Sr Vedelin.

DE PAR LE ROY,

Sa Majesté ordonne au Sr Vedelin [2], lieutenant de la compagnie de Dardes dans le régiment d'infanterie de Caumont, de passer incessamment à la charge de lieutenant de la compagnie colonelle dudit régiment vaccante

———

[1] Les pièces qui suivent sont extraites des archives de la famille de la Farelle.

[2] Le chevalier de la Farelle, seigneur de Vedelin (Voir plus loin, II, pièce VII).

par l'abandonnement du Sr Bioche et d'y servir doresna-
vant en la mesme qualité, tant ainsy qu'il faisait en laditte
compagnie de Dardes.

Fait à Marly le vingt sixieme juillet 1710.

Signé : LOUIS.

et plus bas : VOYSIN.

(Orig. pap.)

II.

*Com^on de Cap^ne d'une Comp^e dans le regiment
d'Inf^re de Laye pour le Sr Vudelain.*

LOUIS PAR LA GRACE DE DIEU ROY DE FRANCE
ET DE NAUARRE A Notre cher et bien amé le Cap^ne
Vudelain [1] Salut la Comp^e quauoit le Cap^ne Bertrand
la Farelle [2] dans le regiment d'Inf^re de Laye Estant
a present Vaccante par son changement a la charge
de Lieutenant de la Comp^e Colonelle Et desirant la
remplir d'Vne personne qui S'en puisse bien acquitter,
Nous auons estimé que Nous ne pouuions Faire pour
cette Fin Vn meilleur choix que de Vous pour les Seruices que Vous Nous auez rendus dans toutes les occasions
qui S'en Sont presentées ou Vous auez donné des preuues
de Vôtre Valleur courage Experience en la guerre, Vigi-
lance et bonne conduitte, Et de Vôtre fidelité, Et affection a nôtre Seruice, A CES CAUSES et autres a ce Nous

[1] Le chevalier de la Farelle, seigneur de Vedelin.
[2] Bertrand de la Farelle, frère jumeau du chevalier de la Farelle,
seigneur de Vedelin.

mouuans Nous Vous auons commis ordonné Et Estably
Commettons ordonnons Et Establissons par ces presentes
Signées de Notre main Cap^{ne} de lad^e Comp^e Vacante
comme dit est cy dessus, laquelle Vous Commanderez
Conduirez, et exploiterez Sous nôtre autorité et Sous
celle Dus^r chīer de Laye Colonel Dudit Regiment La part
et ainsy qu'il vous Sera par Nous ou nos Lieutenants
gn̄aux Commandé Et ordonné pour Nôtre Seruice, Et
Nous Vous ferons payer Ensemble les officiers et soldats
de lad^e Comp^e des Estats apointements et Soldes qui
Vous Seront et a eux deubs Suiuant les montres et
reueües qui en Seront Faites par les Com^res et Con^eurs des
guerres a ce departis tant et si longuement que lad^e
Comp^e Sera Sur pied pour nôtre Seruice TENANT la
main a ce qu'elle viue en si bon ordre et police que Nous
n'en puissions receuoir de plaintes DE CE FAIRE Vous
donnons pouuoir Commission autorité, Et mandement
Special, Mandons aud^t chīer de Laye Et en Son absence
a celuy qui commande ledit regiment de Vous receuoir
et Faire reconnoistre en lad^e charge Et a tous qu'il apar-
tiendra qua Vous en ce Faisant Soit obey, CAR TEL EST
nôtre plaisir DONNE A VERSAILLES le vingt sixieme Jour
de mars L'an de grace Mil sept cens Douze Et de Nôtre
regne le Soixante Neufuieme.

Signé : LOUIS.

  et plus bas : PAR LE ROY,
     VOYSIN.

(Orig. parch.)

III.

*Provisions de Major de la Ville et Citadelle de Pon-
dichery pour le S*^r *Ch̄ler de la farelle.*

LOUIS PAR LA GRACE DE DIEU ROY DE FRANCE
ET DE NAVARRE A Tous ceux qui ces presentes Lettres verront SALUT La Compagnie des Indes Nous ayant
representé qu'il Est necessaire pour le bien de nostre
Service Et l'Vtilité de Son Commerce de pouruoir a
l'Employ de Major des Villes Et Citadelle de Pondichery, qui Est Vacant par le decez du Sr Parat, Nous
auons crû ne pouuoir faire vn meilleur choix que de la
personne du Sr CHEVALIER DE LA FARELLE qui nous
a Esté presenté par la Comp^e, Lequel nous a donné
des marques de Son affection Et de sa fidelité depuis
quinze années a Nostre Service, et Estant informez
d'ailleurs qu'il fait profession de la Religion Catholique,
apostolique et Romaine, A CES CAUSES Nous avons sur
la Nomination de la Comp^e des Indes Cy attachée Commis, Ordonné, Et Estably, Commettons, Ordonnons,
et Establissons Le Sr Chevalier de la farelle Major des
Ville et Citadelle de Pondichery a la place du feu Sr Parat, pour en cette qualité y Commander Sous les ordres
du Gouverneur Et du Conseil Superieur de lad. Ville de
Pondichery aux Capitaines, Lieutenants, Sous Lieutenants, Et autres Officiers et Soldats qui y sont ou pouront
y Estre en Garnison, Contenir les gens de guerre en bon
ordre Et police Suiuant Nos reglements, maintenir Le

Commerce Et Traffic de ladᵉ Compagnie, Et au Surplus
Joüir de lad. Charge aux Honneurs, authorité, préemi-
nence, Et prerogatives accoustumez, Et aux appointe-
mens qui luy seront ordonnéz par lad. Compᵉ de ce faire
luy auons donné Et donnons pouuoir par ces presentes ;
MANDONS au Gouuerneur Et au Conseil Superieur de
Pondichery de faire reconnoistre led. Sʳ Chevallier de la
farelle En la qualité de major des Ville et Citadelle de
Pondichery, Et a tous nos sujets de quelque qualité et
Condition qu'ils Soient Officiers, Soldats, Et gens de
guerre de luy obeir Sans y Contreuenir en quelque
Sorte Et manniere que ce soit a peine de desobeissance
CAR TEL est notre plaisir En temoin de quoy Nous
auons fait mettre nostre Scel a Ces presentes. DONNE a
Fontainebleau le vingt huitᵉ Septembre l'an de grace mil
sept cent vingt quatre et de notre regne le dixième.

Signé : LOUIS.

et au dos : PAR LE ROY,

        PHELYPEAUX.

(Orig. parch.)

IV.

*Brevet qui permet au S. Chʳ de la farelle de porter
la croix de chʳ de Sᵗ Louis en attendant sa re-
ception.*

AUJOURD'HUY vingt cinquiesme Septembre mil sept
cent Vingt Huit le Roy Etant a fontainebleau ayant
esté informé que l'Eloignement du Sʳ Cheualier de la

farelle Major des Ville et Fort de Pondichery que Sa
Majesté a associé le Vingt un Janvier de l'année derniere
a l'ordre militaire de S¹ Louis, ne luy permet pas de se
rendre à Sa Suitte pour estre receu aud¹ ordre. Sa
Majesté lui permet de porter la Croix dudit ordre en
attendant qu'il puisse se Faire receuoir par Sa Majesté,
laquelle pour assurance de Sa Volonté a Signé de Sa
main le p̄nt Breuet et Fait contre Signer par moy Son
Conseiller Secretaire d'Etat et de Ses Commandemens
Et Finances.

Signé : LOUIS.

et plus bas : PHELYPEAUX.

(Orig. parch.)

V.

*Comm^{on} au S. Delafarelle, pour tenir rang de
Lieutenant Colonel d'Infanterie.*

LOUIS PAR LA GRACE DE DIEU ROY DE FRANCE
ET DE NAVARRE A notre cher Et bien amé Le S^r de
la Farelle Major des Ville Et Fort de Pondichery,
SALUT mettant En considération les Seruices que
Vous nous auez rendus dans toutes les occasions qui
s'en sont presentées, Et Voulant Vous en témoigner
notre Satisfaction A CES CAUSES Et autres a ce Nous
monuans, Nous Vous auons Commis, ordonné, et Estably Commettons, ordonnons et Etablissons par ces presentes signées de Notre main, Pour prendre Et tenir
rang de Lieutenant Colonel dans nos Troupes d'Infan-

terie du jour Et datte de ces presentes sous notre autorité Et sous celle de Notre tres cher Et tres amé oncle le duc d'orleans Colonel general de Notre Infanterie Francoise et Etrangere, La part Et ainsy quil Vous Sera par Nous ou nos Lieutenans generaux Commandé et ordonné pour Notre Service, DE CE FAIRE Vous donnons pouuoir Commission autorité Et mandement special, MANDONS a tous qu'il appartiendra de Vous receuoir Et Faire reconnoistre En lad. qualité, Et qu'a Vous En ce Faisant soit obey CAR TEL est notre plaisir DONNÉ A MARLY Le dix neuuieme jour de feurier l'an de grace mil sept cent Vingt Sept Et de Notre regne le Douziesme.

Signé: LOUIS.

et plus bas: PAR LE ROY,
LE BLANC.

(Orig. parch.)

VI.

Le S. de La farelle pour tenir rang de Lieutenant Colonel d'Inf^{rie}.

LOUIS D'ORLEANS PREMIER PRINCE DU SANG DUC D'ORLÉANS de Valois de Chartres de Nemours et de Montpensier etc Commandeur des ordres du Roy, Colonel general de l'Inf^{rie} Francoise et Etrangere, Gouverneur et Lieutenant general pour Sa Majesté en Sa province de dauphiné grand Maitre des ordres Militaires de Notre dame du Mont Carmel et de St Lazare de Jerusalem a Tous ceux qui ces p͞ntes Lettres verront Salut

Savoir faisons que Vu par Nous les Lettres patentes en forme de Commission données a Marly le xixe jour de fevrier dernier, signées Louis et plus bas par Le Roy Le Blanc, et Scellées du grand Sceau de cire jaune cy attachées Sous le contrescel de nos armes par lesquelles Sa Majesté pour les causes y contenues a Commis ordonné et Etably Le S. de La Farelle pour prendre et tenir rang de Lieutenant Colonel dans Ses Troupes d'Infanterie du jour et datte desd. lettres Sous l'autorité du Roy et la Notre. Nous mandons a Tous qu'il appartiendra de Recevoir et faire reconnoitre led. S. de La Farelle en qualité de Lieutenant Colonel d'Inf^{rie} et de luy faire obeir et entendre ez choses concernant lad. Charge donné au Palais Royal le vnzieme jour de Mars mil Sept cents ving Sept.

Signé: LOUIS DORLEANS.

et plus bas: Par Son Altesse Serenissime,

Mathas.

(Orig. parch.)

VII.

Commission de Commandant des troupes Entretenües à Pondichery pour le S^r ch^{er} de la farelle.

LOUIS par la grace de Dieu roy de France ft de Navarre, A Tous Ceux qui Ces presentes Lettres Verront; salut, La Compagnie des Indes Nous ayant representé qu'il est necessaire pour le bien de nostre Service et l'Vtilité de Son Commerce d'Establir vn Commandant des Trouppes dans les Ville et Citadelle de Pondichery, Nous auons cru ne pouuoir faire vn meilleur choix que de La personne du Sʳ CHEVALIER DE LA FARELLE qui nous a Esté presenté par la Compagnie, Lequel nous a donné des marques de son affection et de sa fidelité depuis quinze années a nostre Service [1], Et Estant informés d'ailleurs qu'il fait proffession de La Religion Catholique, apostolique Et Romaine, A CES CAUSES Nous auons sur la Nommination de la Compᵉ des Indes cy attaché, Commis, Ordonné et Estably, Commettons, ordonnons et Establissons LE Sʳ CHEVALIER DE LA FARELLE Commandant des Trouppes Entretenües par la Compagnie dans les Ville et citadelle de Pondichery, pour en Cette qualité y Commander Sous les ordres du Gouverneur et du Consᵉˡ Superieur de lad. Ville de Pondichery, aux Capitaines, Lieutenants, Sous lieutenants et autres Officiers et Soldats qui y sont ou pourront estre en garnison, contenir les gens de guerre en bon ordre Et police, Suiuant Nos reglements, maintenir le Commerce et Trafic de lad. Compᶦᵉ et au Surplus joüir de lad. Charge aux honneurs, autorité, preeminence, et prerogatiues accoutumés, et aux appointements qui luy seront ordonnés par lad. Compᶦᵉ de ce faire luy auons donné et donnons pouuoir par ces presentes, MANDONS au Gouuerneur et au Conseil Superieur de Pondichery de faire reconnoistre ledit Sʳ Chᵉʳ de la farelle En lad. qua-

---

[1] Il y a ici erreur, puisque dans les provisions de major de Pondichery, données cinq ans plus tôt, en 1724, on trouve, comme ici, quinze années de service, ce qui, au reste, est encore une erreur; M. de la Farelle était au service depuis 1705, époque à laquelle il entra comme cadet au régiment de la Force.

lité de Commandant des Troupes Entretenües dans les
Ville et Citadelle de Pondichery Et a Tous nos Sujets
de quelque qualité et Condition qu'ils soient, Officiers,
Soldats et gens de guerre, de luy obeïr Sans y Contreuenir en quelque sorte et manierre que ce Soit a peine
de desobeissance. CAR tel est nostre plaisir en temoin
de quoy nous auons fait mettre nostre Scel a Ces presentes. DONNÉ A VERSAILLES le sixieme Jour du mois
de décembre l'an de grace mil sept cent vingt neuf,
et de nostre regne le quinzieme.

Signé : LOUIS.

et au repli : PAR LE ROY,
Signé : PHELYPEAUX.

Registré au Conseil Superieur au fort Louis à Pondichery le dix septieme jour de novembre de l'an mil sept
cent trente par moy soussigné Secretaire dudit Conseil.

Signé : SIGNARD.

(Orig. parch.)

II

DOSSIER

DU CHEVALIER DE LA FARELLE [1]

PIÈCES CONCERNANT

SA COMMISSION DE LIEUTENANT-COLONEL, SA RÉCEPTION DANS L'ORDRE
DE SAINT-LOUIS ET SES DEUX RETOURS EN FRANCE

I.

Lettre au comte de Maurepas, ministre et secrétaire d'État.

MONSEIGNEUR,

Nous avons l'honneur de vous remettre un mémoire au sujet de la demande que vous avez approuvée, que la Compagnie fit au Roi pour supplier sa Majesté d'honorer le s[r] chevalier de la Farelle de la croix de Saint-Louis et d'une commission de lieutenant-colonel. Nous supplions très-respectueusement Monseigneur de vouloir bien procurer et presser l'expédition de ces grâces, parce que le vaisseau le *Lys* doit partir incessamment pour les Indes.

Nous sommes avec un très profond respect, etc.

Signé : Les directeurs de la Compagnie des Indes,
CASTANIER, FROMAGET, DESHAYES.

Paris, le 20 décembre 1726.

---

[1] Les pièces qui suivent sont extraites des archives coloniales du Ministère de la marine et des colonies.

II.

(Mémoire annoncé ci-dessus.)

Le chevalier de la Farelle, que la Compagnie a nommé major des ville et fort de Pondichéry et commandant des troupes, a été détaché au mois d'octobre de l'année dernière pour commander les troupes que le Conseil de Pondichéry envoyait à la côte de Malabar, pour attaquer et prendre le fort de Mahé.

Cet officier s'est distingué à cette attaque, ayant monté à l'assaut du fort à la tête des grenadiers, et la Compagnie lui doit la justice de dire qu'il a été en partie cause de la reddition de ce fort par la bravoure et la conduite prudente avec laquelle il a agi.

Il sert depuis le mois de février 1705 qu'il est entré au régiment de Laye, ci-devant la Force, dans la compagnie d'un de ses frères [1] qui dans la suite a été lieutenant-colonel du dit régiment.

Il fut fait lieutenant au mois de mars 1706, et capitaine au même mois de mars 1712 à la compagnie d'un autre de ses frères, [2] qui passa à la compagnie de mestre de camp au même régiment.

Il a gardé sa compagnie jusqu'au mois de septembre 1715 que le dit régiment a été incorporé dans Beauvoisis ;

[1] Barthélemy de la Farelle, né à Aimargues le 27 août 1682. Il fut plus tard commandant pour le Roi à Uzès.

[2] Bertrand de la Farelle, frère jumeau du major de Pondichéry. Il était maire de Rieux lorsqu'il mourut en 1753. (V. pp. 49 et 58.)

pendant le temps qu'il a servi, il s'est trouvé à tous les
sièges et affaires où le dit régiment a été.

La Compagnie en faveur de laquelle le Roi a bien
voulu déclarer par ses lettres patentes et édits que les
services qui lui seraient rendus dans le fait de la guerre
seraient réputés rendus à sa Majesté et comme tels
récompensés, supplie respectueusement Monseigneur de
vouloir bien obtenir du Roi la croix de chevalier de
St-Louis et une commission de lieutenant-colonel pour
le dit chevalier de la Farelle. Cette grâce redoublera le
zèle de cet officier et animera de plus en plus les autres
officiers qui sont au service de la Compagnie dans ses
différentes colonies.

III.

A M. Gaudion.

à Marly, 26 Janvier 1727.

Le Roi, ayant associé, Monsieur, à l'ordre militaire de
St Louis le sr Cher de la Farelle, major des ville et fort de
Pondichéry, je vous prie d'envoyer à M. Randot, le plus
tôt que vous pourrez, une croix de cet ordre avec le
ruban nécessaire pour cet officier.

Je suis, M., entièrement à vous.

(Sans signature.)

IV.

Lettre de M. de Maurepas.

à Marly, 29 Janvier 1727.

J'ai rendu compte au Roi, Monsieur, ainsi que vous l'avez souhaité, des services que le s^r chevalier de la Farelle, major des ville et fort de Pondichéry et commandant des troupes, a rendus tant à sa Majesté qu'à la Compagnie des Indes, et de la demande que vous avez faite d'une croix de St Louis pour cet officier. Sa Majesté a bien voulu la lui accorder, je vous la remets ci-jointe avec les ordres nécessaires à M. des Boisclairs pour le recevoir ; je suis persuadé que le tout arrivera assez tôt à Port-Louis, si vous avez agréable de l'y faire envoyer bientôt, et, en cas que ces expéditions ne puissent être rendues à M. des Boisclairs, je les ferai faire au nom d'un autre officier.

La place de lieutenant-colonel que vous auriez souhaité aussi pour cet officier, regarde M. Le Blanc ; il n'a point été d'usage du temps du feu Roi d'accorder ces sortes de grâces à ceux qui servaient dans les colonies et dans les pays concédés aux compagnies de commerce ; il n'y a eu qu'un seul exemple pendant la Régence en faveur de M. Dartagniette-Divon, qui était inspecteur des troupes à la Louisiane.

J'ai l'honneur, etc.

Signé : MAUREPAS.

V.

Lettre à M. de Maurepas.

MONSEIGNEUR,

J'ai l'honneur de remercier très humblement Votre Grandeur de la grâce qu'elle m'a faite d'obtenir par sa haute et puissante protection, de Sa Majesté, la croix de Saint-Louis. J'aurai l'honneur de lui dire que j'ai reçu la lettre qu'elle m'a fait celui de m'écrire de Marly le vingt-neuvième janvier mil sept cent vingt-sept, par laquelle elle m'ordonne de me rendre auprès de monsieur des Boisclairs, chevalier du dit ordre, pour y être reçu par lui. Vous permettrez, Monseigneur, que j'aie l'honneur de dire à sa Grandeur, qu'il ne m'a pas été possible d'exécuter ses ordres, puisque je me trouve encore au fort de Mayé, où une continuation de guerre de dix mois m'a retenu ; et, d'ailleurs, monsieur des Boisclairs n'a reçu les ordres de Votre Grandeur que la veille de son départ de Pondichéry, d'où il m'a envoyé la croix de Saint-Louis et une copie certifiée des ordres du Roi. Je ne laisse pas cependant que d'avoir l'honneur de la porter en attendant qu'il vous plaise et vous soit agréable, Monseigneur de donner de nouveaux ordres pour l'être [reçu dans l'ordre]. En attendant, j'ai l'honneur de lui envoyer les certificats que Votre Grandeur a souhaité de recevoir par elle-même.

J'ai l'honneur, etc.

Signé : LE CH^{er} DELAFARELLE.

A Mayé, ce 10 décembre 1727.

(Correspondance Générale, Inde. Reg. C ² 74, p. 157.)

VI.

Certificat de catholicité.

Moi, frère Dominique, carme déchaussé, missionnaire apostolique et aumônier pour la Compagnie de France au fort de Mayé, côte malabare, je certifie en faveur de monsieur le chevalier de la Farelle, major des citadelle et ville de Pondichéry et aujourd'hui commandant des troupes au dit fort de Mayé, n'avoir jamais entendu proférer aucune parole ni faire aucune chose contre la religion catholique. Bien au contraire, j'ai toujours connu en lui des sentiments d'un chrétien et en ai vu faire des fonctions d'un vrai catholique, apostolique et romain. En foi de quoi je lui ai accordé le présent certificat au dit fort de Mayé ce 12 décembre 1727.

> *Signé :* Sr DOMINIQUE, Carme déchaussé, Missionnaire apostolique et Aumônier de la Compagnie de France à Mayé.

Nous Jean Quentin Tremisot, conseiller au Conseil Supérieur de Pondichéry, chef et commandant des forts et colonie de Mayé, certifions à tous qu'il appartiendra que le père Dominique qui a signé le certificat en l'autre part est véritablement aumônier de ce fort et que foi doit être ajoutée à son dit certificat. En foi de quoi nous avons signé ces présentes qui sont sur du papier commun, le papier timbré n'étant point en usage dans cette colonie, et avons apposé à icelles le scel de la Compagnie.

Fait cejourd'hui douzième décembre 1727.

Signé : TREMISOT.

VII.

État de services du sieur chevalier de la Farelle-Vedelin, major des troupes à Pondichéry dans l'Inde et commandant aujourd'hui les troupes au fort de Mahé.

A commencé à servir au mois de janvier 1705, en qualité de cadet dans la compagnie colonelle du régiment de Laye ci-devant La Force.

A été fait lieutenant au dit régiment au mois de mai 1706 à la compagnie de la Farelle, son frère, ensuite de Dardes.

A passé à la lieutenance de la compagnie colonelle du dit régiment le 26 du mois de juillet 1710.

A été fait capitaine au dit régiment le 26 mars 1712.

Déclare le dit sieur de la Farelle que sa commission de lieutenant dans la compagnie de la Farelle, son frère, capitaine alors du régiment de Laye, du mois de mai 1706, a été perdue dans la prise que l'ennemi fit, à la levée du siège de Barcelone en Catalogne, de l'équipage de lui et de son frère.

On a ajouté à cet état de services les copies des commissions de lieutenant de la compagnie colonelle au régiment de Caumont et de capitaine au régiment de Laye ci-devant Caumont, lesquelles on a vues pp. 57 et 58.

On trouve à la suite :

Collationné à l'original par moi, Jean-Baptiste Fernet, secrétaire de la Compagnie des Indes en son établissement de Mayé, y faisant seul fonction de greffier et notaire, ce requérant le s^r de la Farelle-Vedelin. Ce fait, le dit original rendu au dit s^r de la Farelle le douzième jour de décembre 1727.

Signé : FERNET.

Nous, Jean Quentin Tremisot, conseiller au Conseil supérieur de Pondichéry, chef et commandant des fort et colonie de Mayé, certifions à tous qu'il appartiendra que le s^r Fernet qui a signé l'acte de collation ci-dessus est secrétaire, greffier et notaire de cette colonie et que foi doit être ajoutée aux actes par lui passés et signés. En foi de quoi, nous avons apposé le sceau des armes de la Compagnie à ces présentes et avons signé à Mayé, côte malabare, le douzième jour de décembre 1727.

Signé : TREMISOT.

VIII.

A Monseigneur le comte de Maurepas, ministre et
secrétaire d'État.

Monseigneur,

Le chevalier de Lafarelle, ci-devant major des ville et
forteresse de Pondichéry dans l'Inde, représente très
humblement à Votre Grandeur qu'il n'a pas eu l'honneur
d'être reçu dans l'ordre militaire de St Louis et qu'aujourd'hui il vous supplie, Monseigneur, de donner des
ordres pour qu'il y soit reçu, et [si] c'était votre bon
plaisir, Monseigneur, que ce fût par Mr Dugay-Trouin,
lieutenant-général de la Marine, résidant à Paris, il vous
serait sensiblement obligé.

IX.

A Monsieur Dugay-Trouin, lieutenant-général,
hotel d'Anjou, rue des Petits-Champs.

26 septembre 1729.

Je vous adresse les ordres du Roi nécessaires pour la
réception du S^r ch^{er} de la Farelle, major et commandant
des troupes à Pondichéry, dans l'ordre militaire de S^t
Louis, auquel Sa Majesté a bien voulu l'associer dès le
21 janvier 1727 et lui accorda de porter la croix par brevet

du 25 septembre 1728, n'ayant pu être reçu lors de sa nomination à cause de sa résidence dans l'Inde.

Vous aurez agréable de le recevoir conformément aux instructions qui vous ont été envoyées ci-devant en pareil cas, et de m'adresser le certificat de sa réception, celui de ses services en qualité d'officier et celui de catholicité. Ils doivent tous trois être attachés sous le contre-scel de ses provisions, et elles ne peuvent être expédiées sans cette formalité, je vous prie de l'en avertir.

(Sans signature.)

X.

Ordre du Roi au Sr Dugay-Trouin.

26 septembre 1729.

Ordre du Roi au Sr Dugay-Trouin, lieutenant-général des armées navales et commandeur de St Louis, pour recevoir, en son nom, le S^r ch^{er} de la Farelle, major et commandant des troupes à Pondichéry, chevalier du dit ordre.

LETTRE DU ROI AU MÊME.

XI.

M. le ch^{er} de la Farelle.

Il a été associé à l'ordre de St Louis le 21 janvier 1727.

Il fut expédié, dans le temps, un ordre à M. des Boisclairs pour recevoir cet officier, ce qui n'a pu être exécuté parce que M. le ch^{er} de la Farelle était au fort Mahé dans le temps que M. des Boisclairs était à Pondichéry.

Il a été expédié le 25 septembre 1728 un brevet qui lui permit de porter la croix en attendant sa réception.

Exp. le 26 septembre 1729.

XII.

Lettre à M. de Maurepas.

MONSEIGNEUR,

J'ai reçu la lettre que vous m'avez fait l'honneur de m'écrire au sujet de l'état de services du Sr Bury [1], que vous n'avez pas trouvé en bonne forme, manquant d'être certifié par M. le Noir, gouverneur de cette place; j'ai celui de vous l'envoyer aujourd'hui certifié par lui-même. J'ai pensé, Monseigneur, qu'en m'ordonnant de faire certifier cet état, votre intention était qu'il le fût par le gouverneur existant de cette place et non point par Mr Dumas, comme il était porté par la lettre en duplicata que vous m'avez fait l'honneur de m'écrire. J'ai jugé, Monseigneur, que c'était une erreur de la part du secrétaire, puisque Mr Dumas n'est gouverneur que de l'île Bourbon, et que ce gouvernement n'a aucune relation avec celui-ci pour ce qui regarde le militaire. Cependant, Monseigneur,

---

[1] Le chevalier de la Farelle, par une lettre du 13 septembre 1732, avait fait connaître au comte de Maurepas que, pour se conformer aux ordres du Roi en date du 18 novembre 1731, il avait reçu M. de Bury chevalier de Saint-Louis. (Archives de la famille de la Farelle.)

dans la crainte de manquer à vos ordres, j'en ferai certifier un par Mr Dumas à l'île Bourbon, que j'aurai l'honneur de vous remettre moi-même, en ayant celui de vous assurer de mes plus profonds respects, n'ayant rien tant à cœur que cela, et de me rendre à mon devoir dans un temps de guerre, comme nous avons appris qu'il y avait en Europe.

Ayant l'honneur et l'avantage d'avoir un caractère et des honneurs au service du Roi, qui m'ont été procurés par votre puissante protection, j'ose me flatter que Votre Grandeur me fera la grâce de m'en accorder la continuation dans les occasions et me fera celle de me croire avec un très profond respect, etc.

Signé : LE CH^{er} DE LA FARELLE.

à Pondichéry, ce 4e septembre 1734.

XIII.

Lettre à M. de Maurepas.

MONSEIGNEUR,

A la première nouvelle qui est parvenue dans les Indes que la guerre était déclarée en France, j'ai cru qu'il était indispensablement de mon devoir de m'y rendre, pour y recevoir les ordres qu'il plaira à Sa Majesté de donner à mon sujet, ayant l'honneur d'être agrégé à son service. J'ai cru qu'il était également, Monseigneur, de mon devoir, aussi, d'avoir celui de vous en informer tout aussitôt mon arrivée en France. Je me flatte ensuite, Monseigneur, que vous voudrez bien me faire la grâce de m'accorder vos bontés et votre puissante protection pour que je puisse être agrégé au service de Sa Majesté, n'ayant considéré dans cette conjoncture de guerre que mon seul devoir, ayant sacrifié pour cela les avantages que l'emploi de commandant des troupes dans les Indes pouvait me donner.

C'est ce que j'aurai l'honneur de vous confirmer en peu de temps, en ayant celui de vous assurer du plus profond respect avec lequel j'ai celui d'être, etc.

Signé : LE CH[er] DE LAFARELLE.

à Lorient, le 2e septembre 1735.

III

CAUSES DE L'EXPÉDITION DE MAHÉ [1]

I.

*Extrait d'une lettre du gouverneur de Pondichéry
aux directeurs de la Compagnie des Indes.*

Messieurs,

La lettre générale vous informe de tout ce qui s'est
passé au sujet de votre établissement de Mayé et du peu
que nous nous sommes trouvés en état de faire pour vous
le conserver contre les efforts des Anglais, dont le plus
à craindre est l'argent, qu'ils donnent à pleines mains
aux naires pour les gagner.

Nous avions espéré que vos navires arriveraient au
moins en août et que nous pourrions envoyer le plus
fort dès octobre, pour tenir les Anglais en échec et pour
porter le prince de Bargaret, moitié gré moitié force, à
nous laisser bâtir un fort qui nous rendrait maîtres de
la rivière ; mais nous avançons dans septembre et je ne
vois point de vaisseaux.

Vous jugerez, Messieurs, par la lettre que le prince
vient de nous écrire, l'état où sont les choses et ce que

---

[1] Toutes les pièces qui suivent sont extraites de la Correspondance
générale de l'Inde. (Arch. col. du Min. de la marine.)

vous avez à craindre pour cet établissement, si nous ne faisons pas vivement la guerre aux Anglais de la côte malabare, qui n'épargnent rien pour nous faire chasser, malgré les démarches que nous avons faites pour la paix.

. . . .

J'ai l'honneur, etc.

Signé : BEAUVOLLIER DE COURCHANT.

De Pondichéry, le 14ᵉ octobre 1724.

(Reg. Cᵉ 73, p. 17.)

II.

Lettre de M. Mollandin aux directeurs de la Compagnie des Indes.

MESSIEURS,

Quoique j'aie eu l'honneur de vous écrire plusieurs fois au sujet de l'établissement de Mayé, j'espère [que vous] agréerez cette relation de ce qui s'est passé en conséquence depuis le commencement jusqu'à ce jour.

En 1721, j'eus ordre du Conseil de Pondichéry d'aller trouver Bayanor, prince de Bargaret, pour obtenir un établissement sur ses terres, et que j'exécutai au mois de mars en compagnie du Sʳ Morlet, capitaine du vaisseau le *Saint-Louis*, des Sʳˢ Vlanin et Billard, employés, que j'amenai avec moi de Pondichéry en novembre 1720. A cette première entrevue, je demandai à Bayanor et à son frère s'ils avaient toujours l'intention et bonne volonté, comme leur oncle de son vivant, de donner aux Français un terrain pour s'y établir et y faire commerce. Ils me répondirent qu'il y avait longtemps qu'ils le désiraient, et qu'ils pouvaient compter qu'ils seraient en toute sûreté et maitres de tous les poivres et cardamons de leur pays. J'acceptai l'offre et leur demandai à bâtir des magasins sur le bord de la rivière de Mayé, et la petite montagne, qui est à l'embouchure, pour faire faire une loge forte. Ils me dirent ne pouvoir m'accorder cette montagne, étant le cimetière des Mores, mais que je pouvais faire faire des magasins où je le désirais et que la Compagnie fît grand commerce afin de se faire connaître aux gens du pays. En ce temps-là, ils me la promettaient. Ne pouvant donc pour lors obtenir rien de plus, et, la mousson courte, nous passâmes avec Bayanor les articles que j'ai eu l'honneur de vous envoyer ; je laissai dans l'endroit que j'avais marqué pour des magasins un interprète et deux Topas, et ensuite je me rendis à Calicut pour expédier le vaisseau le *Saint-Louis*, chargé de poivre pour Pondichéry.

Aussitôt que les Anglais eurent avis que j'avais fait un traité avec Bayanor, ils envoyèrent le visiter, lui firent un présent et le sollicitèrent à ne point garder les Français sur ses terres ; que c'était une nation qu'il ne connaissait point, qu'elle n'était point marchande, et que, sitôt que nous aurions le pied dans son pays, nous nous en rendrions les maîtres, qu'ils lui donnaient cet avis comme étant de leurs amis. Tout cela, en apparence, ne fit pas beaucoup d'impression sur l'esprit de Bayanor, paraissant toujours avoir une entière confiance en nous.

Au mois de novembre suivant, je commençai à faire bâtir les magasins ; à mesure qu'ils avançaient, les Anglais faisaient tous leurs efforts avec leur argent, leurs promesses et leurs menaces pour les faire mettre bas avant qu'ils fussent achevés, lui promirent cent mille fanons de présent et de payer toutes les pierres un fanon pièce, et généralement tous les frais que nous avions pu faire, lui et nous. Je fis mon possible pour qu'il n'acceptât pas cet offre, à quoi je réussis. En ce temps arriva le vaisseau la *Syrène*, venant de Surate avec un petit présent pour lui, qu'il reçut avec plaisir, et les magasins furent achevés.

Les Anglais, voyant donc qu'ils ne pouvaient rien gagner sur l'esprit de Bayanor, lui déclarèrent la guerre sur la fin de l'année 1722 et lui signifièrent que l'Angleterre ne cesserait de le persécuter tant qu'il aurait les Français dans son pays. Ce voyant, Bayanor me dit d'écrire à Pondichéry, où il écrivit aussi, pour demander du secours et nous opposer autant que nous le pourrions par mer aux Anglais, qui avaient une flotte de quatorze embarcations, bâtimens du pays forts et bien armés, qui empêchaient de sortir aucune des embarcations des marchands de son pays et qui tentaient à quelque descente, pendant que le roi de Collate et deux autres princes, qu'ils avaient gagnés à force d'argent, lui faisaient la guerre par terre, ce qui l'embarrassait fort, voulant garder le bord de la mer et se défendre dans les terres. Il n'aurait pu soutenir s'il ne nous était venu le 3 novembre 1722 par le vaisseau l'*Argonaute* vingt-huit soldats blancs et douze Topas, un capitaine, un lieutenant et un enseigne ; je le fis avertir aussitôt. Il vint à la loge et vit avec plaisir ce petit secours ; je me servis de cette occasion pour lui demander de nouveau la montagne pour y bâtir des logements pour les officiers, soldats et autres. A cela il répondit qu'il voulait voir auparavant ce que nous ferions avec les Anglais qui lui faisaient une cruelle guerre à cause de nous. Je le persuadai que cette petite troupe n'était venue que pour le secourir autant qu'il serait possible, mais qu'il nous fallait un endroit sûr pour la loger et se retirer en cas qu'elle fût repoussée par l'ennemi.

Cependant, je ne pus obtenir aucun bâtiment sur la montagne, mais seulement permission d'y mettre trois pièces de canon et six hommes pour les garder, et il m'offrit à distance d'une portée de canon de 4, au sud de Mayé, en rase campagne, un endroit nommé Anjigondy pour y bâtir loge, casernes et autres, et y planter le mât de pavillon, ce que je me crus obligé d'accepter, ne pouvant mieux, pour faire voir aux Anglais que c'était tout de bon que la Compagnie s'établissait sur les terres de Bayanor. Je fis donc planter le mât et arborer pavillon en cet endroit le 18 décembre 1722, au bruit de vingt et un coups de canon à terre et de vingt et un autres du bord de l'*Argonaute*.

Vous ne sauriez croire, Messieurs, la rage où étaient les Anglais lorsqu'ils virent battre le pavillon. Ils envoyèrent de nouveau dire à Bayanor qu'il pouvait compter qu'avant qu'il fût deux ans il ne serait pas maître dans son pays s'il gardait les Français, mais qu'au contraire, s'il voulait faire mettre bas le pavillon qu'on venait de planter à Anjigondy, ils seraient non-seulement de ses amis, mais qu'il pourrait demander tout au monde ce qu'il voudrait, ils le lui donneraient.

Bayanor, tenant bon et ne voulant pas les écouter, disait que les Français étaient assez puissants pour empêcher l'exécution de leurs mauvais desseins. Aussitôt le départ de l'*Argonaute* pour poursuivre son voyage à Moka, ils renforcèrent leur flotte de vingt bateaux du pays, qui rôdaient nuit et jour depuis Courchy jusqu'à la rivière de Coste, qui est toute l'étendue du pays de Bayanor sur le bord de la mer.

Cette flotte ayant croisé pendant la mousson entière, même dans l'hiver pour peu que la mer le permît, et le roi de Collate continuant la guerre par terre, le peuple de Bayanor continua de le persécuter faute de vivres par l'interruption du commerce même de la pêche, les Anglais emmenant et gardant aux fers les mariniers pêcheurs qu'ils attrapaient, dont soixante qui étaient sous notre pavillon et que Bayanor nous avait remis pour nous en servir, qu'ils gardaient aussi aux fers et s'emparaient de leurs bateaux et filets, malgré les réclamations que nous fîmes.

Les Anglais firent plus ; ils arrêtèrent autant de nos manchoues qu'ils en purent attraper, qui portaient des vivres à nos gens à Mayé et les matériaux et autres choses nécessaires pour notre établissement, les emmenant à Talichéry avec grande fanfaronnade pour les faire mieux apercevoir aux gens du pays, les gardaient autant qu'il leur plaisait, ensuite nous les renvoyèrent à Calicut sans les laisser entrer à Mayé, et nous faisaient dire que, quoique nos manchoues fussent de bonne prise, ils nous les renvoyaient à cause de la bonne union qui régnait entre les deux couronnes de France et d'Angleterre et nous mandaient, comme vous l'avez vu, Messieurs, par tous les protêts que nous vous avons envoyés, que nous étions mal fondés à envoyer des vivres dans le pays de leur ennemi. Nous avons répondu à tous leurs écrits et vous en avons aussi envoyé des copies.

Quoique les mariniers qui conduisaient nos embarcations directement à Mayé fussent de Calicut, ils les menaçaient, lorsqu'ils étaient emmenés à Talichéry, de leur couper les oreilles et de les mettre aux fers comme ceux des terres de Bayanor qu'ils y tenaient, s'ils continuaient de naviguer pour les Français, ce qui les épouvanta de façon que nous avons été très longtemps sans en pouvoir faire embarquer aucun. Pendant cet intervalle, les Anglais faisaient entendre à Bayanor, aux grands de son pays et populace, qu'il fallait qu'il eût perdu l'esprit de garder dans son pays une nation qui était si éloignée de pouvoir le secourir, puisqu'elle ne pouvait résister à sa petite flotte et qu'il ferait beaucoup mieux de la mettre dehors et de prendre la protection d'Angleterre qui était une nation qui pouvait le secourir contre tous les ennemis qui pourraient lui survenir par la suite.

Toutes ces raisons, la continuation de guerre, l'entière interruption du commerce de son pays et point de vivres l'ébranlèrent fort, joint à l'insulte que le Sr de la Croix, venant de Mayé à Calicut dans les bateaux de la Royale Compagnie, reçut par les embarcations anglaises au mois d'août 1723, qui lui tirèrent plus de cinq cents coups de fusil, et le commandant de la flotte, venu à l'abordage, fit jeter la poudre et les balles qu'il avait pour sa défense contre les voleurs de cette côte, et le menaça de l'emmener prisonnier, les fers aux pieds, à Talichéry, s'il continuait à naviguer.

Au mois d'octobre suivant, avec bien de la peine, nous obtînmes des mariniers de ce pays de conduire deux manchoues chargées de riz pour nos gens. J'y fis embarquer l'enseigne, quelques soldats et le Sr de la Croix pour les encourager. La flotte anglaise les rencontra proche Mayé où elles entrèrent à la faveur du vent. Nous perdîmes cent cinquante ballots de riz qui fut mouillé, les manchoues ayant donné à terre avec précipitation, et nous eûmes quelques soldats et mariniers blessés de la mousqueterie.

Bayanor, étant toujours persécuté de son peuple qui mourait de faim, et voyant que nous ne pouvions nous opposer aux Anglais ni retirer les mariniers de son pays qu'ils tenaient aux fers, écouta les grands et marchands de son pays, qu'ils avaient attirés de leur parti à force d'argent, qui le sollicitaient tous les jours de nous mettre dehors afin d'avoir la paix et la liberté du commerce et de retirer les prisonniers. Il m'écrivit que si je ne rendais le commerce libre, ne mettais promptement des vivres dans son pays et ne retirais les prisonniers, il serait obligé, en peu, de faire la paix avec les Anglais à notre grand préjudice.

Je lui répondis que tout ce que je pourrais faire, dans la situation présente, était d'armer ici une manchoue de dix-huit soldats et un officier pour escorter celles que je le priais de faire en sorte de me faire passer de son pays ici, autant bien armées qu'il pourrait. Sur cet avis, il obligea plusieurs marchands de ses terres, qui tremblaient pour leurs embarcations, de m'en envoyer seize, qui sortirent de nuit sans être vues de celles des Anglais et dans lesquelles je fis embarquer 200 fardets de riz en six heures de temps et les renvoyai. La flotte anglaise les rencontra à deux lieues de Mayé, les poursuivit à grands coups de canon et les obligea de donner à terre avec précipitation, où l'on déchargea le riz pendant que la manchoue, que j'avais armée, se défendait vaillamment. Elle ne put cependant empêcher la flotte de l'ennemi d'enlever une des manchoues du pays, chargée de 125 balles de riz. En cette occasion a été tué un de nos caporaux, et un soldat blanc, trois Topas et quatre mariniers blessés.

Ce petit secours et la nouvelle de l'arrivée des vaisseaux l'*Union* et le *Lys* répandue dans le pays de Bayanor calma un peu les esprits.

Les Anglais continuèrent toujours leurs insultes, venaient même faire des décharges de coups de canon sur notre pavillon à Anjigondy, et jusque sur la barre de Mayé faire des décharges de mousquets, et envoyèrent des gens déguisés pour mettre le feu à notre loge. Deux de ces gens-là furent arrêtés, dont l'un a fui par la faute de l'officier de garde. L'autre, que nous avons gardé longtemps après interrogation, a été embarqué sur le *Lys* pour vous être envoyé, Messieurs.

Le 15 février 1724 arriva le vaisseau l'*Union*, destiné pour Moka ; nous instruisimes le s^r Baudran, capitaine de ce vaisseau, de tous les affronts que nous avions reçus des Anglais et lui remontrâmes la nécessité de prendre satisfaction autant qu'il était possible pour lors. Le résultat de notre première délibération fut que le s^r Baudran écrirait au chef des Anglais et à son Conseil à Talichéry, en forme de réclamation, de la part du Roi, des 60 macois serviteurs de la Compagnie, qu'ils retenaient aux fers, et, faute par eux de les rendre, il userait de représailles. A quoi ils répondirent que nous étions mal fondés à réclamer des prisonniers qui n'étaient sujets ni du roi de France ni de la Compagnie mais de Bayanor, leur ennemi, à qui ils les rendraient, lorsqu'ils feraient la paix avec lui.

Enfin, après plusieurs écrits de part et d'autre, qui restèrent sans effet, le s^r Baudran nous envoya son second nous demander des ordres d'attaquer un vaisseau anglais, venant de Madras près Surate. Nous délibérâmes de nouveau qu'il s'en approcherait et l'arrêterait, et il s'en approcha à portée de canon, ce qui réjouit les gens du pays qui criaient: Vivent les Français; leur joie et la nôtre fut courte.

Voyant, six heures après, appareiller le vaisseau anglais, le s^r Baudran appareilla aussi comme s'il avait voulu courir après ce vaisseau, qu'il pouvait empêcher de lever l'ancre, ensuite revint en rade, et l'autre fit sa route. Lorsque le s^r Baudran descendit à terre, nous lui demandâmes pourquoi il avait laissé aller ce vaisseau. Il nous dit pour toute réponse qu'il n'avait point d'ordres de France ni de Pondichéry d'arrêter aucun vaisseau anglais. Quatre jours après, il poursuivit son voyage pour Moka, nous disant qu'il ne pouvait rester davantage. Il aurait assurément mieux valu qu'il n'eût point paru, puisqu'après cette manœuvre, le peuple, manquant de vivres, persécutait Bayanor de nous mettre dehors de son pays, que nous étions des traîtres qui cherchaient à les faire périr, et que le capitaine de notre vaisseau avait reçu des Anglais dix mille roupies pour laisser aller leur vaisseau et pour ne pas s'opposer à leurs desseins, ce qu'ils croient encore aujourd'hui.

Le 17 mars arriva le vaisseau le *Lys*. Nous communiquâmes aussitôt au capitaine, le s^r Boisrion, tout ce qui s'était passé ; nous prîmes avec lui de bonnes résolutions, demandâmes de nouveau les macois mariniers qu'ils tenaient aux fers, persistant à ne les vouloir pas rendre. Le s^r Boisrion arrêta et s'empara d'un vaisseau anglais venant de Bengale. Ce voyant, les Anglais de Talichéry, écrivirent diverses fois au s^r Boisrion, se plaignant, entre autres, que par cette action il avait enfreint le traité de paix qui subsistait en Europe entre les couronnes de France et d'Angleterre et lui protestaient n'y avoir pas donné lieu, à quoi nous avions suffisamment de quoi répondre, surtout que, contre le droit des gens, ils retenaient prisonniers nos mariniers qu'ils avaient enlevés sous notre pavillon à la pêche.

Enfin nous passâmes un traité avec eux dont vous avez eu connaissance et dont je ne dirai rien sinon que, quoique par un des articles ils promettaient rendre les macois et par un autre de laisser passer librement nos embarcations portant pavillon, et nous, de rendre le vaisseau, leur flotte, après que nous eûmes, en vertu de ce, délibéré de relâcher le vaisseau qui n'était pas de Compagnie, mais à des particuliers de Bengale, et que nous eûmes envoyé le vaisseau le *Lys* avec deux manchoues à Mangalar prendre du riz dont nous nécessitions, arrêta une autre de nos manchoues qui en était chargée, venant de Ceylan avec pavillon et deux soldats dedans, l'amena à Talichéry, l'y gardèrent quatre jours, ensuite nous la renvoyèrent avec une lettre, pour toute satisfaction, qu'ils n'avaient donné aucun ordre au commandant de leur flotte d'agir ainsi.

Nous donnâmes aussitôt avis de ce qui se venait de passer au sr Boisrion, qui revint et laissa à Mangalar les manchoues prendre leur chargement. Les Anglais, voyant notre vaisseau revenir à notre rade et ne comptant pas qu'il retournerait au-devant d'elles, envoyèrent ordre au commandant de leur flotte déjà partie pour Mangalar, d'aller joindre nos manchoues, de les brûler, et celles du pays de Bayanor qui étaient allés aussi à Mangalar en compagnie de notre vaisseau, ce qu'ayant appris, nous renvoyâmes le vaisseau au-devant de nos manchoues, avec ordre au capitaine de faire tous ses efforts pour ramener toutes celles du pays de Bayanor et de les défendre en cas d'attaque.

Les Anglais, voyant donc retourner notre vaisseau, envoyèrent en diligence au commandant de la flotte et capitaine d'une palle amirale, armée de 18 pièces de canon de 4 et de 6, et de 80 hommes européens, une lettre d'honnêteté pour le s[r] Boisrion pour le surprendre et l'empêcher de prendre sous sa protection les manchoues du pays. A son arrivée, il envoya ordre de les faire sortir de la rivière et de venir sous son canon. Pendant cet intervalle, la palle anglaise vint assez près du vaisseau pour lui envoyer deux coups de canon pour faire venir le capitaine à bord, ce qu'il fit avec beaucoup de confiance, étant porteur d'une lettre d'honnêteté du s[r] Adam pour le s[r] Boisrion qui le garda prisonnier, envoya à bord de la palle des officiers et un équipage en place de celui anglais. De cette façon, la palle en sa disposition, il amena avec plus de facilité toutes les embarcations des terres de Bayanor. Ce prince et tout son peuple, les voyant arriver au nombre de 38 bateaux chargés de riz, dont ils étaient affamés, et la palle amirale en notre pouvoir, nous marquèrent être tous très contents.

Le prince, dès le lendemain, vint à la loge et fit, à cause de cette action, présent d'une chaîne d'or de 45 à 50 pagodes et de deux manilles d'or de 15 à 20 pagodes à M. Boisrion. Dans cette entrevue, il nous dit de lui remettre les gens de cette palle pour leur faire couper la tête. Nous lui remontrâmes que cela ne se faisait point en Europe et que nous ne pouvions le satisfaire. Il nous recommanda surtout de garder la palle, ce que nous lui promîmes de faire et ne manquâmes pas cette occasion de le fort solliciter à nous accorder la montagne pour nous mettre en état de bien garder cette palle, et que, faute de ce, les Anglais pourraient l'enlever de la rivière malgré nous. Il nous accorda seulement en la gardant la permission de mettre six pièces de canon sur cette montagne, et d'y faire une petite muraille pour mettre à couvert la mousqueterie, ce qui commençait de devenir avantageux à la Compagnie. Cependant, quoiqu'il ne fût que le 25 avril, le s^r Boisrion ne nous voulut pas donner deux jours pour la désarmer et l'entrer en rivière ni la conduire à Pondichéry, disant pour ses raisons qu'il voulait absolument partir et ne pouvait se charger de cette palle qui n'était point en état de doubler Ceylan, ce qui nous obligea à la rendre et ce qui fit un très mauvais effet.

Bayanor se mit en tête que nous nous entendions avec les Anglais et que tout ce que nous avions fait jusqu'à présent n'était que pour le turlupiner et le consumer en frais de guerre, et, dès ce temps, prit la résolution de s'accommoder avec les Anglais à leur satisfaction et à notre préjudice. Ces derniers, qui connurent bien, dès ce temps, qu'ils réussiraient, continuèrent de persécuter Bayanor, et, quoique je fisse mon possible pour le persuader qu'en octobre ou novembre nous aurions des vaisseaux et que nous nous vengerions des Anglais, il leur fit proposer la paix en août sans cependant conclure.

En ce temps, nous eûmes avis que vous envoyiez, Messieurs, quatre vaisseaux aux Indes. Les Anglais, qui en furent aussi informés, lui mirent en tête par ses conseillers même et seigneurs de son pays, qu'ils avaient gagnés à force d'argent, que ces quatre vaisseaux viendraient pour prendre la montagne de force et que les Français ensuite se rendraient maîtres de son pays. Ce qui, je crois, les fortifia dans cette opinion, fut une lettre du Conseil de Pondichéry qui lui promettait du secours, mais qu'il fallait nous accorder la montagne pour y bâtir des logements et forts pour la sûreté des fonds et effets qu'il comptait nous envoyer.

Les Anglais firent dire de plus à Bayanor que, si les Français de gré ou de force restaient dans son pays, il pouvait se persuader que, tant que l'Angleterre serait Angleterre, il ne serait en repos, mais qu'au contraire, s'il les mettait dehors de son pays et qu'il voulût se fortifier dans sa maison, qui est au pied de nos magasins et sur une partie de la montagne que nous lui demandions, ils paieraient les frais qu'il ferait pour cela. Le 25 du même mois, il commença donc à se fortifier, et un marchand de son pays, partisan des Anglais et à leur solde, tient compte de cette dépense.

Le 26 novembre arriva le *Neptune*, capitaine le Sr Périer, que nous instruisîmes de tout ce qui s'était passé ici. Pour tâcher de ramener les esprits, nous délibérâmes qu'il escorterait toutes les manchoues du pays pour apporter du riz. Pour cela, nous fûmes obligés de répondre aux marchands de leurs embarcations et de l'argent que nous leur avançâmes pour ce commerce, tant ils avaient peur de la flotte anglaise, qui ne fit aucun mouvement. Bayanor, à qui nous fîmes savoir l'arrivée de ce vaisseau, se rendit quelques jours après à deux lieues de Mayé où nous fûmes le visiter, lui fîmes un présent et revînmes à parler d'affaires au retour du Sr Périer de Mangalar.

Pendant ce temps, nous nous aperçûmes qu'il envoyait

souvent des ambassadeurs chez les Anglais, qui faisaient la même chose de leur côté ; ce voyant, nous le pressâmes plus que jamais à s'expliquer. Il nous dit qu'il y avait trois ans qu'il ne tirait pas de droits de son pays, par l'interruption du commerce que les marchands voulaient abandonner, et le reste de son peuple prêt à se révolter, que nous eussions à rendre le commerce libre, sinon il prendrait le parti de s'accommoder avec les Anglais, qui ne lui faisaient la guerre qu'à cause de nous.

Après ce discours, il partit pour les terres sans se laisser voir davantage, et les gens du pays commencèrent à insulter et à piller les nôtres. Nous en plaignant, nous n'avions aucune réponse ni justice. Les ambassadeurs anglais allaient et venaient tête levée et pressèrent Bayanor d'accepter leurs propositions, et nous, nous faisions notre possible pour éloigner cet accommodement, sur l'espérance que le Conseil de Pondichéry nous donnait de nous envoyer les vaisseaux le *Duc de Chartres* et l'*Apollon*, et nous nous mîmes en état d'avoir la montagne de gré ou de force. Nous avions pour cela fait venir de Mangalar 300 maçons et autres ouvriers. Pour notre malheur, ces vaisseaux n'ont pu doubler la pointe de Galles, la mousson étant trop avancée.

Nous délibérâmes ensuite que M. Périer écrirait au chef des Anglais d'attendre la décision des rois de France et d'Angleterre, et qu'il ne fût fait aucun acte d'hostilité de part ni d'autre. Les Anglais n'acceptant point cette proposition et nos vaisseaux ne venant point, le 15 mars, Bayanor, à qui les Anglais avaient promis 600 ducats en nous mettant dehors, nous fit dire qu'il envoyait à Talichéry traiter de la paix avec les Anglais, puisque nous ne pouvions prendre satisfaction, n'étant pas en état de soutenir la guerre plus longtemps avec eux, à quoi nous répondîmes que nous étions contents qu'il fît sa paix, puisqu'il ne voulait pas accepter la proposition, que nous lui avions faite, de lui tenir compte de tous les frais de la guerre en nous accordant la montagne, mais qu'il prit bien garde que ce ne fût au préjudice de notre Compagnie.

Quatre jours après, les Anglais, avec quatre vaisseaux qu'ils avaient en rade, vinrent trouver Bayanor à deux lieues de Mayé; grand bruit toute la journée de coups de canon en mer et à terre. Une partie des ducats fut comptée, et il fut conclu que les Français sortiraient de Mayé, et qu'après ce, on compterait le restant des 600 ducats.

Dix jours après le traité de paix entre Bayanor et les Anglais, ce premier nous somma de retirer les trois pièces de canon que nous avions sur la montagne, de faire embarquer toute notre artillerie et nos troupes, et qu'il ne voulait absolument que quatre personnes pour le commerce, que, s'il en restait davantage, il n'en répondait pas. Nous lui fîmes réponse que nous ne pourrions exécuter son ordre sans en avoir de Pondichéry, d'où nous attendions toujours des vaisseaux.

Le 20 avril, fin de la mousson, et sans vaisseaux, nous délibérâmes avec le Sʳ Périer et ses officiers, de faire embarquer canons, munitions de guerre et la troupe à la réserve de vingt soldats, un sergent et un officier.

Le 30 avril, après le départ du vaisseau le *Neptune*, les Anglais envoyèrent promettre un autre présent s'il mettait le reste de la troupe dehors, ce qu'il exécuta, et il somma le chef de se retirer aussi et de ne laisser que deux personnes avec un interprète.

Le 29 mai, par le conseil des Anglais et en vertu d'un autre présent, Bayanor obligea les trois autres personnes de se retirer aussi. Les Anglais, au comble de leur joie, ont engagé Bayanor à leur donner un endroit sur ses terres à deux lieues de Mayé, afin d'être plus en lieu de repousser les Français (ce qu'il leur a promis faire) en cas qu'ils s'avisassent de revenir à la charge. Ils n'ont encore fait aucun bâtiment en cet endroit, mais Bayanor se fortifie de plus en plus.

Vous verrez, Messieurs, plus en détail, par la copie que nous vous envoyons de toutes les lettres que nous avons écrites au Conseil de Pondichéry, tout ce qui s'est passé ici.

Toutes les démarches et les grandes dépenses des Anglais pour nous faire sortir font connaître que Mayé est un des meilleurs endroits de la côte malabare. Effectivement, comme j'ai eu l'honneur de vous le marquer, y étant fortifié et en paix, on y peut tirer, tous les ans, plus de 4,000 candélis de poivre.

Le Conseil de Pondichéry nous promet de nous envoyer en octobre prochain un secours suffisant pour réprimer l'insolence de Bayanor et des Anglais, ayant en rade cinq vaisseaux et en espérant quatre d'Europe de jour en jour. Dieu veuille que cela soit ainsi pour le bien de la Compagnie et pour ma consolation. On ne peut avoir plus de chagrin que j'en ai eu depuis trois ans.

J'ai l'honneur d'être, etc.

Signé: MOLLANDIN.

Calicut, 10 septembre 1725.

(Reg. C² 73, p. 351.)

IV

PRÉPARATIFS POUR L'EXPÉDITION DE MAHÉ

I.

Lettre du chevalier d'Albert, commandant la Syrène, à Messieurs les Directeurs de la Compagnie des Indes.

J'ai eu l'honneur, Messieurs, de vous rendre compte, par la lettre que j'ai laissée en partant de l'île Bourbon, de mon arrivée dans les îles, de mon séjour, du parti que nous avions été engagés de prendre, à la sollicitation de M. le Gouverneur et du Conseil de l'île, d'attendre le retour du vaisseau la *Vierge-de-Grâce* de Madagascar jusqu'au dernier jour du mois de juin, après lequel je devais prendre la route de Pondichéry, dans la crainte de manquer la saison du Gange.

Ma traversée dans ce pays a été très heureuse et plus courte qu'on eût osé l'espérer, surtout de la *Syrène*, qui s'est surpassée, n'ayant employé que trente-cinq jours, dont j'en ai essuyé trois ou quatre de calme sur la côte de l'est de Ceylan.

J'ai passé par le nord de Madagascar, suivant vos instructions, Messieurs, et un mémoire sur cette route, qui m'a été donné à l'ile de Bourbon, d'où jusqu'à la côte de Malabar, ayant passé par le passage entre les Maldives de 9 à 10 degrés de latitude. Nous n'avons vu aucune terre que celle de Madagascar. Nous avons toujours eu un grand et bon vent arrière.

Je compte mettre à la voile demain, s'il plaît au Seigneur, pour me rendre dans la rivière du Gange, en passant par Mazulipatam où le Conseil me charge de passer.

. . . .

J'ai l'honneur, etc.

Signé : Le Chevalier D'ALBERT.

En rade de Pondichéry, à bord de la *Syrène*, le 16ᵉ août 1725.

(Reg. Cᵉ 73, p. 278.)

II.

Lettre du Conseil supérieur de Pondichéry aux Directeurs de la Compagnie des Indes.

Au fort Louis à Pondichéry, le 25ᵉ août 1725.

MESSIEURS,

. . . .

Le vaisseau la *Syrène*, commandé par M. d'Albert, a mouillé ici le cinq de ce mois ; nous l'avons envoyé à Bengale le dix-septième.

. . . .

Le vaisseau la *Danaé*, commandé par M. Beaugrand, ayant manqué son voyage de Moka, a mouillé ici le dix-huitième de ce mois. Le capitaine nous a dit qu'ayant été démâté de tous ses mâts par un coup de vent au cap de Finistère, et, son vaisseau s'étant trouvé éveux, il avait été obligé de se remâter et caréner à Cadix, ce qui l'y avait retenu jusqu'au cinquième de février et lui avait fait manquer son voyage de Moka, où nous l'enverrons au mois d'octobre prochain.

. . . .

Le vaisseau la *Vierge-de-Grâce*, commandé par M. de Pardaillan, est arrivé en cette rade le vingt-un de ce mois. Nous avons reçu par cette voie le duplicata des dépêches de la *Syrène*. Nous ferons partir incessamment ce navire pour le Gange.

. . . .

Cet après-midi, le vaisseau le *Triton*, commandé par M. Baudran de la Méterie, a mouillé en cette rade [1].

. . . .

Nous avons l'honneur, etc.

> *Signé:* BEAUVOLLIER DE COURCHANT, LEGOU,
> DUPLEIX, DIROIS, VINCENT, DULAUZEUX.

(Reg. C², 73, pp. 171-173.)

---

[1] Des quatre vaisseaux, mentionnés dans cette lettre, le 2ᵉ et le 3ᵉ reçurent une autre destination que celle que l'on se proposait de leur donner, puisqu'ils formèrent, avec le *Triton* et la *Badine*, l'escadre qui partit pour Mahé le 18 octobre 1725.

III.

Extrait d'un mémoire sur les établissements français dans l'Inde.

. . . .

Troupes.

Nous avons reçu, Messieurs, par les vaisseaux la *Syrène* et la *Vierge-de-Grâce* les troupes que vous leur aviez donné ordre de prendre aux iles de Bourbon et de France. Ils les ont débarqués au nombre de cent quarante-un.

. . . .

M. le chevalier de la Farelle a été reçu et reconnu pour major des ville et citadelle de Pondichéry et commandant des troupes. Il nous paraît qu'il répondra à l'idée que la Compagnie s'en est formée.

. . . .

Nous avons reçu, Messieurs, l'ordonnance du Roi pour que les officiers et les soldats qui nous sont venus ne fassent aucune difficulté de servir où nous le jugerions nécessaire. Nous avons remis les commissions de capitaine à ceux à qui elles étaient destinées et avons eu attention de leur faire prendre le rang du jour qu'ils ont été établis capitaines précédemment, de sorte que le Sr Delarche est le premier, le Sr de Severac le second, le Sr Changeac le troisième, et les Srs Bury et Nehout ensuite.

. . . .

Par la délibération du 5ᵉ septembre dernier, il a été résolu de faire par la force ce que nous n'avons pu faire jusqu'à présent par la voie des négociations. Pour y parvenir, nous avons fait nos efforts auprès de M. Perrier pour l'engager à repasser à Mayé. Il nous a été impossible de le gagner ; il vous dira sans doute les raisons qui l'en ont pu empêcher. Nous n'avons pas cru l'y devoir contraindre, dans le principe où nous sommes que quiconque est forcé d'entreprendre une affaire ne la suit qu'avec dégoût, et n'y apporte point les soins nécessaires.

Pour éviter cet inconvénient, nous l'avons proposé à M. de Pardaillan, qui l'a accepté avec plaisir ; il sera le chef de l'entreprise tant par terre que par mer. Nous lui joignons les Sʳˢ Beaugrand et Baudran de la Méterie, et l'un des deux vaisseaux que nous attendons de jour en jour. Pour commander les troupes sous ses ordres, nous avons nommé le Sʳ de la Farelle et trois capitaines, savoir les Sʳˢ de Changeac, Bury et la Gèverie. Ils auront chacun leur lieutenant, qui sont les Sʳˢ de Plaisance, Saint-Amand et Zégombarde, et trois sous-lieutenants ; nous destinons de cette garnison deux cent cinquante Européens et cent Topas.

Nous avons fait faire des tentes pour le campement et les outils nécessaires [tant] pour remuer la terre que pour les bois, et, afin que rien ne manque de notre côté, nous avons fait faire du biscuit et des viandes salées pour un temps considérable. Ainsi, Messieurs, cette action est en état d'être bien exécutée, si telle est la volonté de Dieu.

Nous avons aussi embarqué sur les navires des canons de différents calibres, montés sur des affûts de campagne, et leurs munitions nécessaires. Nous comptons mettre sur ces navires environ cent mille piastres pour fournir aux dépenses qui seront jugées utiles et absolument indispensables.

Il est de nécessité dans cette occasion d'avoir à nous les princes dont les terres entourent celles du prince de Bargaret, et ils ont déjà offert leurs services à messieurs Mollandin et Tremisot, et celui qu'on appelle Cougninaire a mis ses terres et sa personne sous la protection de la Compagnie. Il est en état de mettre sur pied cinq cents naires. Les autres, qui ne sont pas si attachés, mais qui le seront bientôt quand ils verront arriver nos forces et qu'on leur fera des présents honnêtes, peuvent en mettre quatre à cinq mille sur pied. . . . .

Nous joignons aux trois vaisseaux [1] les brigantins le *Diligent* et le [*Petit*] *Triton*. Ce dernier est à la côte de Malabar.

. . . .

La seule chose qui nous manque dans cette expédition est la présence du Sr Deidier. Nous l'attendons de jour en jour, mais si, par quelque accident imprévu, il n'arrive pas avant le départ de l'escadre de M. des Boisclairs, et que la *Badine* eût été obligée de relâcher à Mascarin, nous avons soin d'envoyer par cet escadre un ordre au Sr de la Feuillée de se rendre au plus tôt à la côte de Malabar sans toucher à celle-ci ; il est de conséquence pour cette entreprise que le Sr Deidier y soit. . . . . .

Ce mémoire a été adressé aux Directeurs généraux de la Compagnie des Indes, par le vaisseau le *Duc de Chartres*, et le duplicata par le *Neptune*. Il

---

[1] La *Vierge-de-Grâce*, la *Danaé* et le *Triton*.

est daté du fort Louis à Pondichéry, le 15ᵉ octobre
1725, et signé :

Beauvollier de Courchant, Le Gou, Dupleix,
Vincens, Dirois, Du Laurens.

(Reg. C² 73, pp. 213 vᵒ, 217, 233 vᵒ, 235 et 236.)

IV.

*Lettre de M. Deidier, ingénieur du Roi, aux Direc-
teurs de la Compagnie des Indes.*

Messieurs,

Nous sommes arrivés à Pondichéry le 4 de ce mois.
Notre traversée a été un peu longue. Nous avons été
beaucoup contrariés par les vents et les calmes. Les
règles de la prudence nous avaient fait prendre le parti
de relâcher à Mozambique plutôt qu'à Anjouan . . . .

A mon arrivée à Pondichéry, j'ai trouvé que l'on faisait
de grands préparatifs pour l'expédition de Mahé, et l'on
m'a fait accroire que l'on m'attendait avec impatience.
Monsieur de Beauvollier, qui m'a témoigné autant de
plaisir de me revoir que j'en ai véritablement ressenti en
le revoyant, m'a mis au fait de cette entreprise. Nous
devons partir dans quelques jours.

. . . .

Souffrez, Messieurs, que je vous recommande M. Lambert ; c'est un homme qui sait et qui mérite qu'on lui
fasse du bien. J'ai l'honneur d'être, avec respect, etc.

Signé : Deidier.

A Pondichéry, ce 12 octobre 1725.

(Reg. C² 73, pp. 286 et 289.)

V.

Extrait d'une lettre du Gouverneur de Pondichéry aux Directeurs de la Compagnie des Indes.

Messieurs,

. . . .

Je n'ai pas moins lieu de me louer de messieurs vos officiers d'épée ; je ne saurais même jamais assez vous remercier de nous avoir envoyé ici M. de la Farelle pour major ; il est précisément du caractère qu'il le fallait pour le bien du service, et il se fait aimer et estimer de tous. On n'avait jamais vu tant d'union dans chacun des deux corps et de chaque particulier d'un corps à l'autre. J'eusse été inconsolable de voir M. de la Gèverie, un si bon et si brave officier, congédié, si la nécessité d'un si bon sujet ne nous avait pas fait trouver une compagnie d'infanterie à lui donner ; tout le monde ici vous répondrait qu'il vous servira bien à Mayé. Nous avons trouvé aussi à placer M. de Plaisance et M. Guesdon. C'eut été dommage de perdre dans l'Inde de si bons sujets.

. . . .

Les embarras où nous sommes pour l'expédition de vos deux escadres pour France et pour Mayé ne nous permettent pas de vous en parler dans la lettre générale, mais nous espérons le faire à fond au mois de janvier.

Rien ne pouvait m'être plus agréable quoiqu'un peu embarrassant que cette belle émulation d'honneur qu'ont fait paraître messieurs les officiers de votre garnison, par leur empressement à l'envi l'un de l'autre pour aller à

Mayé, dans l'espérance d'y trouver les occasions d'y donner des marques de leur zèle et de leur bravoure. Ainsi, toute ma peine a été d'en retenir ici le nombre absolument nécessaire. Encore n'ai-je pu le faire, pour ne pas les affliger, qu'en les assurant du besoin que nous avions d'eux à Pondichéry à l'égard des Mores contre lesquels, selon les apparences, ils pourraient rendre de si bons services et se faire connaître comme à Mayé. Dans le vrai, nous avons préféré pour la côte malabare, autant que nous l'avons pu, ceux qui ne sont pas mariés, pour éviter l'embarras des femmes et les dépenses qu'ils auraient été obligés de faire en partageant leurs appointements pour s'entretenir à Mayé et pour faire subsister ici leurs femmes ; et, si nous avons gardé ici M. Guesdon quoique très propre pour une action, c'est qu'après M. Cordier, il n'y a que lui qui ait une parfaite connaissance du pays dans les terres aux environs de Pondichéry, ce qui nous est nécessaire et pourra être d'une grande utilité si nous venons à être inquiétés par les Mores ou qu'il faille courir après des déserteurs. Nous n'avons jamais pu résister aux empressements redoublés de M. de Changeac d'aller à Mayé, quoique marié ; c'est un officier de mérite qui a beaucoup servi en France. M. de la Farelle a aussi beaucoup servi dans la dernière guerre, et il est venu fort à propos pour commander les troupes sous M. de Pardaillan ; il paraît tel qu'il faut être pour bien mener une troupe. Ses empressements pour aller à la côte malabare ont confirmé l'estime que ses autres belles qualités avaient fait concevoir pour lui. M. de Bury a aussi souhaité retourner à Mayé, à quoi nous avons consenti parce qu'il y a déjà acquis la connaissance du pays et des coutumes.

J'ai souffert longtemps du retardement forcé de la *Badine* par la crainte qu'elle n'eût resté longtemps à Cadix pour y attendre la *Thétis*, que nous y savions en radoub. Nous avions besoin de ce quatrième vaisseau pour l'affaire de Mayé et pour recruter cette garnison, si affaiblie par le détachement que nous faisions des trois cent cinquante meilleurs soldats, et nous avions encore plus besoin de M. Deidier, que M. de Pardaillan attendait avec autant d'impatience que moi ; mais enfin cet habile ingénieur est arrivé, et tout le monde avoue que je n'en avais pas dit assez de bien quoique je n'en eusse jamais tant dit de qui que ce soit. Il mène avec lui M. Lambert à la côte malabare ; ainsi, si Dieu veut bien bénir nos efforts, nous avons tout lieu d'espérer une bonne et prompte réussite . . . .

J'ai l'honneur, etc.

Signé : BEAUVOLLIER DE COURCHANT.

De Pondichéry, le 14ᵉ octobre 1725.

(Reg. C² 73, pp. 155-159.)

V

RAPPORTS DU COMMANDANT EN CHEF

SUR LA PRISE DE MAHÉ

I.

Lettre écrite au Conseil de Pondichéry par M. de Pardaillan-Gondrin, commandant l'escadre envoyée à Mayé, datée au camp devant Mayé au Pavillon français, le 2ᵉ décembre 1725.

MESSIEURS,

J'ai l'honneur de vous informer qu'aujourd'hui, à quatre heures du matin, j'ai fait ma descente à Mayé avec cinq cents hommes et j'ai attaqué les retranchements du prince Bayanor, que j'ai forcés avec peu de perte, comme vous verrez par la liste que je vous envoie des blessés, à qui l'on vient de mettre le premier appareil, desquels on ne peut encore bien reconnaître le danger ; je travaille à former un camp au Pavillon, où je vais me retrancher pour en faire une place d'armes, et d'où tout de suite je ferai l'attaque des retranchements de la Montagne-Rouge.

Je suis arrivé à Calicut le 24 novembre, j'en suis parti

le 29 après avoir pris tous les gabions, piquets, palissades et enfin tout ce qu'il me fallait. Je suis arrivé devant Mayé le même jour ; j'ai fait dans deux jours mes rats d'eau, et enfin tous mes préparatifs pour ne pas temporiser, comme vous voyez.

Si j'en crois les avis qu'on me donne, il y avait trois mille cinq cents hommes dans le retranchement d'où je vous écris. Leur résistance, comme vous voyez, a été faible, et, en vérité, j'en suis véritablement mortifié par rapport au nombre d'honnêtes gens que j'ai l'honneur de commander, qui avaient mérité de trouver une résistance proportionnée à leur valeur, et je suis bien embarrassé de vous dire qui de tous ces messieurs a montré le plus de zèle ; enfin, je ne finirais jamais s'il fallait vous détailler tout ce qu'ils valent, et, entre autres, M. le major et M. de la Méterie, que je ne saurais trop recommander à vous, Messieurs, et à la Compagnie, à qui j'écrirai par le premier patemar, que je vous prie, s'il vous plaît, de payer. Je prie messieurs Mollandin et Tremisot de vous écrire dans quelle situation sont nos affaires au sujet des négociations avec les princes non confédérés. C'est leur affaire et la mienne de gagner du terrain ; je ne saurais trop vous parler du zèle de ces deux messieurs. Vous les connaissez mieux que moi. J'ai l'honneur d'être, etc.

Signé : PARDAILLAN-GONDRIN.

et plus bas : Pour copie conforme,
DULAUZEUX.

(Reg. C² 73, p. 380.)

II.

Lettre écrite au Conseil de Pondichéry par M. de Pardaillan-Gondrin, commandant l'escadre envoyée à Mahé, datée dans le fort de Mayé le 3ᵉ décembre 1725.

MESSIEURS,

Je vous dépêchai hier un patemar pour vous apprendre ma descente et mon succès avec la liste des blessés ; je vous en dépêche un autre aujourd'hui pour vous apprendre que nous sommes maîtres du fort de Mayé, qui nous coûte un peu cher, comme vous verrez. Voici ma disposition : le jour d'hier, 2ᵉ décembre, fut employé, après la descente faite, pour former un camp retranché au bâton de pavillon, qui fut fini à cinq heures du soir.

Après quoi, je donnai ordre de former deux détachements, l'un, de cent cinquante hommes, et l'autre, de cent, pour se tenir prêts à marcher le lendemain à la pointe du jour pour attaquer le retranchement de la Montagne-Rouge, ce que nous exécutâmes, laissant dans le camp le reste des troupes commandé par M. de Bury. Je fis marcher M. de la Farelle à la tête de celui de cent cinquante pour attaquer sur la gauche, et je me mis à la tête de celui de cent hommes pour attaquer sur la droite et pour prendre à revers une batterie de trois canons, que les ennemis avaient postée au-dessous de ce retranchement. Quoique nous défilions par deux endroits différents, cependant nos deux troupes arrivèrent en même temps au pied du retranchement. Les ennemis l'abandonnèrent et nous en prîmes possession sans coup férir ; je détachai, dans le même moment, la compagnie des grenadiers avec M. de Changeac pour reconnaître le fort, et je me mis à la tête de cent cinquante hommes pour le soutenir, ayant laissé un corps de cinquante hommes dans le retranchement de la montagne pour servir de retraite en cas de besoin.

Ayant joint la compagnie de Changeac, je ne formai qu'un corps, et je marchai à la portée de pistolet de la forteresse et j'envoyai dire par Jacques de Caudre, métis hollandais de la compagnie de Changeac, au nambiar qui commandait, que je le sommais de me rendre la place dans l'instant et que, s'il souffrait que j'y misse du canon devant, je ferais passer la garnison au fil de l'épée. Après trois allées et venues inutiles, me disant qu'il allait envoyer savoir la dernière volonté du prince Bayanor, je fis mettre baïonnette au bout du fusil à nos troupes, et je marchai droit aux retranchements qui entourent la place et me saisis de trois pièces de canon. Elles étaient tout rangées sur leurs remparts. Pendant cette manœuvre, et, voyant qu'il me refusait l'entrée de la citadelle, je fis dresser deux longues poutres dont je fis appuyer un des bouts sur le bastion qui donne sur la mer, et les troupes montèrent par ce moyen un à un.

Les ennemis, ayant vu que nous prenions le parti de les forcer, commencèrent à faire un gros feu de mousqueterie qui dura deux bonnes heures, se mêlant avec nos gens le sabre à la main, et je vous avoue que, pour des Indiens, ils n'ont pas mal soutenu. Nous avons compté près de trois cents hommes de ces gens-là de tués, sans compter ceux qu'on trouve à chaque moment dans les bois. Vous verrez, par la liste que je vous envoie, le monde que nous avons perdu. Je suis charmé d'avoir rendu ce service à la Compagnie, mais je regrette tous les honnêtes gens que nous avons perdus.

J'envoyai ordre tout de suite à M. de Bury de décamper pour me venir joindre après avoir fait embarquer l'artillerie, les tentes et autres munitions que j'avais fait descendre. Je compte, sans nous donner de l'encens, que de longtemps on n'a peut-être ouï parler de pareille aventure, mais que n'ose-t-on pas à la tête d'une troupe d'aussi braves gens que ceux que j'ai eu l'honneur de commander, car, en vérité, je ne sais qui a mieux fait de l'officier ou du soldat, et, pour cet effet, j'ai jugé à propos de faire donner un mois d'appointement en gratification à toutes les troupes qui ont servi à cette expédition. J'espère, Messieurs, que vous ne m'en dédirez pas. Je vais faire travailler tout de suite à couper tous les bois à un quart de lieue de la place pour découvrir le terrain.

Je ne vous en dirai pas davantage cette fois-ci, car nous sommes tous bien las et bien harassés. Je vous dépêcherai dans quelques jours un courrier où je vous détaillerai plus amplement tout ce qui s'est passé et combien messieurs de la Farelle, Deidier et autres officiers se sont distingués. Je ne saurais trop vous dire le zèle de messieurs Mollandin et Tremisot pour ce qui concerne généralement le bien du service. Je finis, n'en pouvant plus, en vous assurant de tous les respects avec lesquels j'ai l'honneur d'être, etc.

Ce qui me flatte le plus, dans cette occasion, et qui rend notre victoire complète, c'est que nous n'avons eu besoin de personne, ou, pour mieux dire, tous ces marauds de princes nous ont tous manqué. Je compte que la nation française sera à toute éternité respectée dans ces pays-ci.

Signé : PARDAILLAN-GONDRIN.

et plus bas : Pour copie coll^{ée} à l'original,
DULAUZEUX.

(Reg. C² 73, p. 382.)

III.

Lettre de M. de Pardaillan aux Directeurs de la Compagnie des Indes.

Au fort de Mahé, ce 12 décembre.
MESSIEURS,

J'ai eu l'honneur de vous informer, par M. le ch^{er} des Boisclairs, de la confiance que le Conseil supérieur de Pondichéry a eue en nous, pour le commandement de l'escadre des vaisseaux la *Danaé*, la *Badine* et le *Triton*, qu'il m'a donnés pour l'expédition de Mahé. M. des Boisclairs aura dû vous dire que je mis à la voile en même temps que lui, qui était le 18 octobre. Je suis arrivé à Cochin le 18 novembre, où, après avoir fait autant de vivres que j'ai pu, je suis parti le 22 et suis arrivé à Calicut le 24, où j'ai trouvé messieurs Mollandin et Tremisot, qui avaient déjà préparé une partie des effets pour mon expédition de Mahé, que j'ai fait embarquer sur mon escadre le plus diligemment que j'ai pu.

Je suis parti de la rade de Calicut le 29 et suis arrivé devant Mahé le même jour. Vous verrez, Messieurs, par la relation que je vous envoie, ce que j'ai fait depuis ce moment-là.

J'ai toute l'obligation de l'honneur, que je compte que cette affaire-ci me fait, à la valeur de messieurs les officiers et des troupes, tant de celles que j'ai tirées des vaisseaux de l'escadre, et enfin généralement de tout le monde. Pour messieurs les officiers, cela n'est pas extraordinaire, mais, en vérité, il serait pourtant bien juste d'étaler tout leur mérite et toute leur valeur ; je me contenterai seulement de vous dire qu'ils ont fait au-delà de tout ce que je pourrais vous exprimer ; et, entre autres, M. de la Farelle, major des troupes, et M. de la Méterie, commandant les cent matelots que j'ai fait descendre en troupes.

Je vous demande, Messieurs, en considération de ce signalé service que je compte vous avoir rendu, d'avoir égard à ce nombre de braves gens que je vous recommande, et surtout pour les officiers, blessés, pauvres soldats et matelots ; c'est la plus grande marque de reconnaissance que j'exige de votre part.

Souffrez, Messieurs, que je vous recommande en particulier madame de Changeac, qui a perdu dans cette occasion son mari qui est mort, sans exagérer, en héros. C'est une dame de condition avec beaucoup de mérite mais sans bien. J'espère, Messieurs, que vous voudrez bien, dans cette occasion, donner des marques de votre générosité à tous ceux que je vous recommande.

J'ai jugé à propos d'ordonner, de l'avis de messieurs Mollandin et Tremisot, un mois d'appointement en gratification pour les troupes qui ont servi à cette expédition pour les engager à continuer leur même ardeur au bien de votre service.

Comme cette place-ci est encore bien défectueuse, il y faut bien de l'ouvrage, et je fais travailler les troupes ; j'espère, Messieurs, que vous ne m'en dédirez pas. M. Didier, ingénieur, que le Conseil de Pondichéry m'a donné, fait travailler à force pour mettre le corps de la place et autres ouvrages en bon état ; je suis persuadé qu'il vous en informe. J'espère, avant de quitter cet endroit, qu'il sera fait et parfait.

Vous trouverez ci-jointe la relation, que je vous envoie avec la liste des morts et des blessés.

J'ai l'honneur, etc.

Signé : PARDAILLAN-GONDRIN.

A la suite de cette lettre se trouve le post-scriptum suivant :

M. Didier, ingénieur, m'assure qu'il vous envoie le plan de cet endroit ; je vous l'eusse envoyé sans cela.

Messieurs, je crois ce poste-ci si important qu'on ne doit rien négliger pour en donner le commandement non seulement à un brave homme, mais encore à un homme dont la prudence soit connue ; et je ne connais personne qui possède plus parfaitement ces deux rares qualités que M. de la Farelle, major des troupes de Pondichéry, qui vient de se distinguer en cette occasion.

(Reg. C² 73, p. 384.)

IV.

*Relation de la descente à Anjigondy et de la prise
du fort de Mahé, à la côte malabare, par le
chevalier de Pardaillan, les 2ᵉ et 3ᵉ décembre 1725.*

Étant arrivé le 29ᵉ novembre à quatre heures après-
midi à la rade de Mahé avec les vaisseaux la *Vierge-de-
Grâce*, la *Danaé*, la *Badine* et le *Triton*, j'ai envoyé
ordre au vaisseau la *Badine* d'aller mouiller aussi près
de terre qu'il pourrait, vis-à-vis notre bâton de pavillon,
ce qu'il a exécuté et s'est trouvé par ce moyen à portée
de canon de terre. J'ai envoyé le même ordre au brigantin
le *Triton*, lequel, tirant moins d'eau, s'est trouvé à portée
de fusil, et j'ai été le lendemain 30ᵉ reconnaître dans
mon canot depuis le sud du bâton de pavillon jusqu'à
l'embouchure de la rivière de Mahé. J'ai reconnu, tout le
long de la côte, des retranchements qui continuaient près
d'une lieue, et auxquels les ennemis travaillaient avec
des postes de distance en distance, fortifiés de canon.
A mon retour, j'ai ordonné au vaisseau la *Badine* et au
brigantin le *Triton* de canonner continuellement pour
interrompre les travaux, ce que ces messieurs ont exécuté
à merveille.

La fin de cette journée et le 1ᵉʳ décembre ont été
employés à faire construire des radeaux et enfin aux
préparatifs nécessaires pour la descente. Le 2ᵉ, à deux
heures du matin, j'ai fait embarquer les troupes au
nombre de cinq cents hommes, compris cent matelots,

commandés par M. de la Méterie, et les détachements des
soldats des vaisseaux de mon escadre ; à six heures du
matin, j'ai abordé à terre au sud d'une portée de fusil du
bâton de pavillon. J'ai attaqué et forcé les dits retranchements, où j'ai pris deux pièces de canon avec perte
seulement de quinze hommes.

J'ai marché tout de suite à la poudrière de la Compagnie qui est tout près du bâton de pavillon, où j'ai formé
un camp retranché qui a été fini à cinq heures du soir.
J'ai donné ordre, à l'entrée de la nuit, de former deux
détachements, l'un de cent cinquante hommes, et l'autre
de cent, pour se tenir prêts à marcher le lendemain,
3ᵉ décembre, une heure avant le jour. J'ai ordonné au
Sʳ de la Farelle, major, de se mettre à la tête de celui de
cent cinquante, pour attaquer sur la gauche les retranchements de la Montagne-Rouge, laissant M. de Bury,
capitaine, dans le camp avec le reste des troupes, et je
me suis mis à la tête du détachement de celui de cent
hommes, pour attaquer sur la droite et pour prendre à
revers, en chemin faisant, une batterie de 3 canons, que
les ennemis avaient au pied du dit retranchement.

Quoique nous défilions par deux endroits différents,
nos deux troupes arrivèrent cependant en même temps
au pied de ce poste, que les ennemis nous abandonnèrent ;
je détachai en même temps cinquante hommes, commandés par M. de Changeac, pour reconnaître la
forteresse, et je pris avec moi cent cinquante hommes,
pour le soutenir, ayant laissé un corps de cinquante
hommes, commandés par M. de Plaisance, lieutenant,
dans le retranchement de la montagne, pour servir de
retraite en cas de besoin.

Ayant joint la compagnie de M. de Changeac, je ne

formai qu'un corps, et je marchai, à une portée de pistolet de la forteresse, par des défilés où sûrement vingt hommes eussent pu nous défaire. J'envoyai dire au nambiar qui commandait dans la place, que je le sommais de me rendre sa forteresse, et que, s'il souffrait que je misse du canon devant, je ferais passer sa garnison au fil de l'épée. Connaissant leur mauvaise volonté, disant qu'ils allaient envoyer savoir celle de leur prince Bayanor, je vis qu'ils ne cherchaient qu'à m'amuser ; je pris mon parti de marcher droit au retranchement qui entoure la forteresse, et j'envoyai ordre au détachement que j'avais laissé derrière moi, de me venir joindre.

Étant arrivé dans les dits retranchements, je me rendis maître de 3 pièces de canon ; je fis dresser deux longues poutres qui étaient dans les fossés et les fis appuyer sur le bastion qui donne sur la mer, et les troupes par ce moyen montèrent un à un dans le fort, duquel je me suis rendu maître après deux heures de combat assez opiniâtre. J'envoyai ordre à M. de Bury de me venir joindre avec ses troupes et d'abandonner le camp, ayant envoyé pour cet effet des chaloupes pour embarquer les tentes, canons et généralement ce qu'il y avait.

Nous avons compté après l'action trois cents hommes des ennemis, morts tant dans la forteresse que dans les fossés ; j'avoue que je ne croyais pas les Indiens capables de pareille résistance. Le nombre de ceux que nous avons perdus est ci-joint.

Signé : PARDAILLAN-GONDRIN.

(Reg. C² 73, p. 386.)

V.

État des noms des Officiers et Soldats morts et blessés, tant à la descente des retranchements de la marine qu'à la prise du fort de Mahé, par le chevalier de Pardaillan, commandant général tant par mer que par terre, les 2° et 3° décembre 1725, savoir :

Morts.

M. DE CHANGEAC, capitaine, un coup de fusil partie moyenne et supérieure de la poitrine entre les deuxième et troisième des vraies côtes, du côté gauche.

M. DE ZÉGOMBARDE, lieutenant, un coup de fusil qui lui brise la clavicule gauche et pénètre dans la poitrine.

SAINT-FRANÇOIS, caporal de la compagnie de M. de Changeac, un coup de fusil qui lui fracasse toute la clavicule gauche, la balle se perdant dans la poitrine.

SAINT-ELOY, soldat de la dite compagnie de M. de Changeac, un coup de fusil sur la pointe de l'acromion, du côté gauche, la balle passée dans la poitrine.

SANS-QUARTIER, soldat de la dite compagnie, un coup de fusil à travers du nombril, la balle restant dans capacité du bas-ventre.

Michel Arbe, Portugais, soldat de la dite compăgnie, un
coup de fusil dans la partie supérieure de la
clavicule, côté droit, pénétrant dans la capacité.

Cartais, soldat de la dite compagnie, un coup de tranchant qui lui a emporté la moitié de la tête
du côté droit.

Latulippe, soldat de la dite compagnie, un coup de
fusil à l'angle inférieur du sternum, du côté
gauche.

Franche Comté, soldat de la dite compagnie, un coup de
fusil et un coup de tranchant qui lui emporte
toute la moitié de la tête, du côté gauche.

Lafrance, soldat de la dite compagnie, un coup de
tranchant qui lui emporte toute la moitié de
la tête, du côté droit.

Lacroix, soldat de la compagnie de M. de Bury, un
coup de fusil qui lui pénètre dans la poitrine,
plus deux coups de fusil qui lui cassent les
deux bras.

Saint-Amand, soldat de la dite compagnie, un coup de
tranchant qui lui emporte toute la moitié de la
tête, du côté droit.

Lorain, soldat de l'équipage du vaisseau la *Vierge-de-
Grâce*, un coup de fusil dans la gorge, qui lui
traverse la trachée artère et l'œsophage.

Laurent Valentin, quartier-maître du vaisseau le *Triton*, deux coups de fusil qui lui traversent les
reins, les balles se perdant dans la capacité
du bas-ventre.

Castillon, matelot de la *Badine*, un coup de fusil à
deux travers de doigt du nombril, du côté
gauche, la balle perdue dans la capacité.

Blessés.

M. DE LA MÉTERIE, commandant le vaisseau le *Triton*, un coup de sabre qui lui découvre tout le pariétal droit, plus un autre coup de sabre sur le haut de la tête, un coup de fusil dans la partie moyenne de la cuisse, qui lui passe de part en part, un coup de sagaïe qui lui coupe tous les tendons fléchisseurs du doigt du milieu de la main gauche, depuis la racine du doigt jusqu'au ligament annulaire, avec le déchirement du tendon.

M. DE LA GÈVERIE, capitaine d'une compagnie, blessé à la clavicule gauche qui est toute découverte, la balle étant resté dans la plaie [1].

M. MAGÈS, officier du vaisseau la *Danaé*, huit coups de sabre dans toutes les parties de la tête, avec ouverture d'os.

LA BRANCHE, sergent de la compagnie de M. de Changeac, un coup de fusil sur la partie moyenne du cerveau gauche.

BOUILLON, sergent de la compagnie de M. de Bury, un coup de fusil sur la clavicule gauche, dont la plaie parait très dangereuse.

PRINTEMPS, soldat de la compagnie de M. de Changeac, un coup de sabre à la partie supérieure du coronal.

SAINT-JUDE, soldat de la compagnie de M. de Changeac, une excoriation à la partie inférieure et antérieure du bras.

---

[1] Mort de sa blessure, v. p. 14.

Duchesne, soldat de la dite compagnie, un coup trans-
versalement sur la partie postérieure de la
main.

Saint-Joseph de Louvetz, soldat de la dite compagnie,
une excoriation sur la partie moyenne des
muscles fessiers.

Saint-Clair, soldat de la dite compagnie, un coup de fusil
sur la partie moyenne du cerveau gauche.

Carabillon dit le Basque, soldat de la dite compagnie,
un coup de fusil sur la main droite.

Villeneuve, le vieux soldat de la compagnie de
M. de Bury, deux coups de fusil de part en
part des cuisses ; un troisième qui passe à
travers du prépuce.

Cézard, soldat de la dite compagnie, un coup de fusil
dans la poitrine.

Le Dragon, soldat de la dite compagnie, un coup de
fusil à la partie de l'omoplate supérieure et
postérieure.

Va de bon Coeur, soldat de la dite compagnie, un coup
de fusil à la partie inférieure et latérale de la
cuisse.

Saint-Pierre, soldat de la dite compagnie, un coup de
fusil sur la partie moyenne inférieure du coronal, du côté gauche.

Lasonde, soldat de la dite compagnie, un coup de fusil
dans la main droite.

Limousin, soldat de la compagnie de M. de la Gèverie,
un coup de fusil à travers le corps et un
coup de sagaïe qui lui a coupé les deux premières phalanges de deux doigts de la main
gauche.

Nicolas Degune, soldat de la dite compagnie, un coup
de fusil qui lui découvre toute la partie
moyenne de l'os occipital.

La Prairie, soldat de la dite compagnie, un coup de
mitraille qui lui coupe le tendon extenseur du
petit doigt de la main droite.

Jolibois, soldat de l'équipage du vaisseau le *Triton*, une
excoriation à la partie moyenne des vertèbres
du dos.

La Motte, soldat du dit équipage, un coup de fusil qui,
en fraisant, lui a découvert l'os occipital, du
côté droit, de la longueur de quatre travers de
doigt.

Langevin, soldat du dit équipage, un coup de sagaïe
dans la partie supérieure de la poitrine, décou-
vrant les deuxième et troisième des vraies
côtes, proche le sternum, continuant de haut
en bas.

Thomas de Caux, matelot du vaisseau la *Vierge-de-
Grâce*, a eu la main brûlée en mettant le feu
au magasin à poudre.

Leoganne, matelot du dit vaisseau, un coup de fusil sur
la tête de l'humerus, du côté gauche.

Rouillard, 3ᵉ voilier du vaisseau la *Danaé*, un coup de
fusil qui lui a traversé la cuisse.

Chaunel, matelot du dit vaisseau, un coup de fusil sous
l'œil, la balle dans le crâne.

Avare-Bosseman, du vaisseau le *Triton*, un coup de
flèche entre les troisième et quatrième des
vraies côtes, continuant de haut en bas, qui
pénétra dans la capacité.

Antoine DE LION, matelot du dit vaisseau, un coup de
fusil qui lui cassa l'os du bras droit et pénétra
dans la poitrine.

Vincent GUEROS, matelot du vaisseau la *Badine*, un coup
de fusil qui lui cassa l'os du bras droit.

Jean LE BOURG, matelot du vaisseau la *Badine*, deux
coups de fusil dans la main droite, l'un qui
lui a brisé l'os du pouce, et l'autre, dans le
dedans de la main.

(Reg. C¹ 73, p. 388.)

VI

RELATIONS DIVERSES

DE LA PRISE DE MAHÉ

I.

Lettre de M. Deidier, ingénieur du Roi, aux Directeurs de la Compagnie des Indes.

MESSIEURS,

Mahé est à vous, et voici comment. Nous mouillâmes à la rade de Mahé le 29 du mois passé. Le lendemain 30, M. de Pardaillan, commandant général de l'escadre et des troupes, fut reconnaître de près l'endroit où l'on pourrait faire la descente ; et, de mon côté, j'allai avec M. de Zégombarde reconnaître la montagne Q du prince Cougninaire, que je trouvai commode pour battre de revers le fort de Mahé, M. On y envoya aussitôt 4 pièces de canon, mais le Conseil de ce prince ne permit pas de les mettre en batterie. Le même jour, la *Badine* et le brigantin nommé le *Petit-Triton* s'approchèrent de terre pour canonner le retranchement des ennemis et faire taire le feu d'une batterie C qu'ils avaient.

Le 1er décembre, on continua de travailler aux préparatifs de la descente et on envoya à nuit close, à bord de la *Badine* et du brigantin, les troupes sur ces bateaux et radeaux, et on partit à la pointe du jour. Les ennemis nous attendaient derrière le retranchement BB, qui régnait le long du rivage jusqu'à une demi-lieue du fort M.

A notre approche, ils firent un feu vif mais mal dirigé : en même temps, deux de nos radeaux qui étaient retranchés sur le devant avec des balles de coton, munis chacun d'une pièce de canon et farcis de troupes, leur répondirent, ainsi que quelques chaloupes, de 6 coups de canon à mitraille et de coups de fusil, et tout d'un temps abordèrent à l'endroit A, et furent suivis d'un autre radeau et de bateaux chargés de troupes.

Une partie de nos gens ne fut pas plus tôt à terre que les ennemis abandonnèrent le retranchement et prirent la fuite ; on les poursuivit un peu, et on se présenta fièrement d'un côté et de l'autre ; ensuite on se retrancha à l'endroit D (où la Compagnie avait autrefois arboré le pavillon) avec des palissades de bambou, que j'avais fait faire pour cet effet à Calicut. Nous étions environ 500 hommes à cette attaque ; nous en eûmes 15 de blessés au nombre desquels fut M. de la Gèverie ; les ennemis perdirent quelques-uns de leurs gens ; et nous leur prîmes 2 pièces de canon placées à l'endroit C ; le 3, après avoir laissé à notre camp une partie des troupes, on marcha de bon matin pour l'attaque du retranchement E, de la Montagne-Rouge, que nous trouvâmes abandonné, quoique le chemin pour y arriver fût si coupé et si difficile que les ennemis auraient pu aisément nous en empêcher l'accès, et que le retranchement, qui était au sommet de la montagne, fût d'une grande hauteur et épaisseur et entouré d'un bon fossé.

Tant de bonheur et de facilité dans notre entreprise fit qu'au lieu de transplanter notre premier camp, D, dans le retranchement, E, que nous venions de saisir, comme cela avait été résolu, on marcha en avant pour découvrir de près le fort, après avoir cependant laissé 75 hommes pour la garde de ce retranchement et pour la sûreté de notre retraite, et nous nous avançâmes avec 170 hommes jusqu'à une maison, F, entourée d'une espèce de chemin couvert et traversâmes pour y arriver des bois et des chemins creux, G.

De là, je fus reconnaitre le fort avec M. de Zégombarde et M. Lambert. Le fort étant de maçonnerie et entouré d'un fossé, nous jugeâmes qu'il était hors d'insulte, et qu'il fallait du canon pour s'en rendre maître. On en avait déjà fait porter 4 pièces, de grand matin, pour être placées sur la montagne, Q, que le Conseil de Cougninaire nous accordait alors ; et nous avions remarqué, M. Lambert et moi, un endroit où l'on pouvait placer une batterie pour battre, du côté où nous étions, le fort qui, n'étant pas à moitié achevé sur ce front-là, laissait la garnison en prise et en vue ; mais, comme il ne paraissait que peu de monde dans le fort et que nous en avions déjà vu défiler beaucoup, qui semblaient se sauver sur les montagnes, on s'avisa de faire sommer le fort, ce que l'on fit, et aussitôt vint un homme de la garnison pour parlementer : mais, ces pourparlers ne faisant que traîner en longueur et le temps se passant en allées et venues, qui n'auraient peut-être fini qu'à la nuit et qui auraient donné aux ennemis le loisir de nous couper ou de garnir le fort, on s'avança vers la place en bon ordre jusqu'au bord d'un chemin creux, que l'on traversa sur 2 pièces de bois, H, défilant un à un.

Ensuite, nous trouvant si près du fort sans qu'on nous eût tiré ni fait mine de nous tirer un coup de fusil, nous continuâmes de marcher en avant, gagnant la hauteur sur la pointe, K, derrière le fort : pour cet effet, il nous fallut encore défiler un à un sur une pièce de bois, I, qui traversait un chemin creux. Chemin faisant, nous nous emparâmes de 2 pièces de canon, et d'une 3ᵉ sur la pointe, K, que l'on tourna sur le champ contre le fort.

Il ne restait plus que d'entrer dans la place. Pour ce sujet, on fit avec deux pièces de bois et une mauvaise planche, qui se trouvèrent par hasard dans le fossé, un pont, L, sur lequel on fit défiler un à un ou deux à deux, dans le fort, M, une partie des troupes, les autres restant, partie en dehors pour soutenir, partie sur les avenues pour empêcher le secours. Tout cela se fit sans coup férir, mais au grand regret de la garnison.

Les ennemis avaient fait dans le fort un retranchement, N, au centre duquel il y avait un corps de garde, servant de magasin à poudre ; c'était à l'entrée, O, de ce retranchement que l'on désarmait la garnison et on la forçait ensuite de s'y retirer pour y être prisonnière de guerre ; on en désarma ainsi quelques-uns, mais ceux du dedans, ne le pouvant souffrir, commencèrent par repousser les leurs pour les obliger de regagner leurs armes ; et ce fut alors que commença le combat auquel on ne s'attendait pas.

M. de Pardaillan envoya aussitôt chercher le reste des troupes qui gardaient le retranchement, E, lesquelles, venant à rencontrer en chemin un gros de ces gens-là, firent feu sur eux et en tuèrent un bon nombre. Cependant le combat devenait opiniâtre ; ces gens-là se battaient en désespérés ; ceux qui pouvaient s'échapper se précipitaient du haut en bas du rempart, où des soldats, postés sur les flancs, faisaient feu sur eux.

Enfin on mit le feu au corps de garde ou magasin à poudre, et ce feu, venant à gagner les poudres, fit sauter en l'air et le bâtiment et les hommes qui y étaient renfermés: ce fut là la fin du combat, le reste n'étant plus que quelques coups de fusil tirés sur des gens qui tâchaient de s'échapper. Cette action dura environ deux heures ; nous eûmes 13 hommes de tués, compris M. de Changeac et M. de Zégombarde, sous-lieutenant, et 33 blessés, du nombre desquels fut M. de la Méterie, capitaine du *Triton* ; quelques-uns des blessés sont morts de leurs blessures.

Les ennemis, qui pouvaient être au nombre de 400, ont perdu environ 2 à 300 hommes ; leurs armes consistaient en longues lances à long fer, en serpes à fer large et acéré, dont les blessures sont terribles ; en arcs et flèches à fer carré, long et pointu ; en bâtons d'un bois très-dur, longs et pointus ; et en fusils longs avec serpentins ; quelques-uns avaient des rondaches ; leurs armes, tant offensives que défensives, étaient fort propres et bien tenues.

On nous avait fait espérer que quelques voisins et ennemis de Bayanor agiraient en même temps que nous; mais les amis ne se sont offerts qu'après l'action.

Dans tout ceci, M. de Pardaillan s'est comporté en homme de tête qui ne se déconcerte point dans les choses inattendues, et qui sait pourvoir à tout ; la discussion, les chicanes et la manœuvre du dedans du fort sont dues principalement à M. de la Farelle, major de Pondichéry ; ce fut lui aussi qui, à la descente, aborda le premier à terre, secondé et suivi des officiers des compagnies de Changeac et de la Gèverie, et de M. Lambert ; en général, officiers, soldats et matelots, tout a fait des merveilles ; en mon particulier, j'ai tâché d'aider du conseil et de la main du mieux qu'il m'a été possible.

Nous avons fait la guerre à l'œil et selon l'occasion ; mais, à dire la vérité, dans cette action plus que dans aucune autre, tout l'honneur et toute la gloire doit être rendu à la Providence qui dispose des évènements et les tourne comme il lui plaît ; car, si les ennemis avaient su profiter du moindre des avantages que leur donnait le terrain, ils nous auraient arrêtés aisément.

Le fort est peu de chose, mais il faut nécessairement l'achever pour mettre à couvert et en sûreté les troupes le plus tôt que faire se pourra, et du moins avant le départ des vaisseaux ; après quoi, je mettrai mes projets futurs à exécution. Je fais actuellement tirer et couper des pierres ; il nous est venu de la chaux ; je vais faire faire du mortier ; nous avons quelques maçons ; nous pourrons commencer de travailler le 14 de ce mois. En attendant que le fort soit en état de défense, nous faisons bonne garde, nous nous palissadons d'un côté et d'autre ; tout est muni de canons ; enfin, nous faisons tout ce qu'il faut pour n'être ni surpris ni pris.

Vous pourrez voir, Messieurs, par le plan ci-joint [1], ce que c'est que le fort, sa situation, celle des retranchements et des ennemis, et ce que nous avons fait pour nous rendre maîtres des retranchements et du fort.

Je reçois mille honnêtetés de messieurs Mollandin et

[1] Le plan de Mahé, dont parle ici M. Deidier, n'a pu être retrouvé ni au Ministère de la marine et des colonies, ni au Dépôt des cartes et plans de la marine.

Tremisot ; ils se donnent tous les soins imaginables pour faire venir des ouvriers, des matériaux et généralement tout ce qui est nécessaire à cet établissement.

J'ai l'honneur, etc.

Signé : Deidier.

A Mahé, ce 12 décembre 1725.

(Reg. C² 73, p. 390.)

II.

Extrait d'une lettre de M. de Beaugrand, capitaine du vaisseau la Danaé, *à Messieurs les Directeurs de la Compagnie des Indes.*

Messieurs,

J'ai eu l'honneur de vous écrire assez amplement par M. des Boisclairs, commandant la *Duchesse-de-Chartres*, et de remettre un duplicata d'icelle sur l'*Apollon*, capitaine M. de la Franquerie-le Brun, avec qui nous tous, en général, fîmes voile le 18 octobre 1725, M. des Boisclairs avec les deux autres vaisseaux pour France et M. de Pardaillan-Gondrin, commandant l'escadre des quatre vaisseaux la *Vierge-de-Grâce*, la *Danaé*, la *Badine* et le *Triton* pour Mahé où les brigantins le *Petit-Triton* et le *Pondichéry* devaient nous joindre, comme il est arrivé ; mais le dernier n'est arrivé devant Mahé qu'après la place rendue.

J'ai été choisi, Messieurs, à Pondichéry pour commander la mer en l'absence de M. de Pardaillan, à qui pouvant arriver quelque accident, je me fusse trouvé aux fins de commander à terre à sa place ; mais, Dieu merci, il ne lui en est arrivé aucun, et moi, de mon côté, j'ai prévenu la chose de manière qu'il a été content de moi et qu'il n'a pas fait de difficultés de m'accorder son suffrage et son amitié en attention de ce que je vous dois sur la confiance que vous avez eue en moi et à quoi je tâcherai toujours d'être vigilant, afin que vous ayez pour garant assuré mon profond respect et mon parfait dévouement.

. . . .

J'ai aussi l'honneur de vous dire, Messieurs, que, n'ayant point eu de part à l'affaire de terre de Mahé comme commandant la mer, je laisse M. de Pardaillan-Gondrin vous détailler toutes choses, et je me bornerai à vous marquer tout simplement que nous arrivâmes en ce port le 29 novembre, où nous mouillâmes à sept heures du soir un peu au large, ayant relâché à Calicut pour y faire tous nos préparatifs de guerre et où le vaisseau le *Triton* avait été détaché à l'avance le lendemain que nous arrivâmes à Cochin, où nous séjournâmes quelques jours pour prendre les rafraîchissements nécessaires.

Le 30 novembre, nous nous approchâmes à une lieue de terre, mouillés par quatre brasses d'eau et fîmes la revue générale des troupes.

Le 1er décembre, dès la pointe du jour, nous fîmes des rats d'eau pour descendre les troupes, et sur lesquels nous mîmes du canon de 3 livres de balle avec des balles de coton pour servir de gabions, qui se sont trouvées remplies de balles à fusil des ennemis, sans avoir passé outre.

Le 2 décembre, on mit à terre.

Le 3 décembre, dès la pointe du jour, on gagna la

montagne près du fort, sur laquelle il y avait un retranchement carré, dont les côtés pouvaient être de deux cents pieds et qui fut abandonné à l'approche de nos troupes en bataille, qui en étaient les maîtres à neuf heures du matin. L'on marcha, sans s'arrêter, sur la forteresse par plusieurs fossés et sentiers fortifiés, et elle fut prise d'assaut sur environ onze heures du matin, et dans laquelle le combat fut opiniâtre et où il y a eu beaucoup de sang répandu. Nous y avons eu des nôtres, entre les morts et les blessés, cinquante-deux hommes hors de combat, desquels quinze sont demeurés sur le carreau, et les noirs y ont perdu trois cents hommes au moins, dont beaucoup ont sauté, les grenadiers avec les grenades ayant mis le feu à leur magasin à poudre.

Signé: DE BEAUGRAND.

Au bord du vaisseau de la Compagnie la *Danaé*, en rade de Mahé, le 15 décembre 1725.

(Reg. C² 73, p. 293.)

III.

Extraits de lettres écrites par le Conseil supérieur de Pondichéry au sujet des affaires de Mayé, depuis la nouvelle de la prise de cette place sur Bayanor, c'est-à-dire depuis le 24 décembre 1725 jusqu'au départ des vaisseaux la Syrène *et l'*Hercule *pour France.*

Du 24 décembre 1725.

Nous avions tout lieu de craindre, surtout depuis la réception de votre lettre du 20ᵉ novembre, que les confédérés sur lesquels vous comptiez ne vous eussent manqué dans l'occasion. L'évènement a justifié nos pensées, mais aussi l'action en reçoit-elle un plus grand éclat. On peut ajouter que la Compagnie y trouve son compte pour l'épargne des présents considérables qu'il aurait fallu faire à ces princes malabares. Cela assure aussi votre conduite pour l'avenir, car vous connaîtrez quel fond on peut faire sur les uns et la méfiance dans laquelle on doit être à l'égard des autres. Dans cet esprit, vous ne devez rien épargner pour gagner ceux qui, rassurés par la victoire que M. de Pardaillan vient de remporter sur Bayanor, se déclareront sincèrement pour nous et lui feront la guerre ou l'inquiéteront, parce que, pendant ce temps de troubles, vous travaillerez à construire le fort de Mayé et à vous mettre par ce moyen en état de ne rien craindre, par la suite, de gens aussi remplis de mauvaise foi et en même temps aussi mal intentionnés pour la nation que le sont Bayanor et les autres princes malabares.

Dans la pensée où nous sommes que le zèle et la prudence de messieurs de Pardaillan et Deidier et la vôtre, vous suggèreront assez tous les moyens qu'il sera à propos de mettre en usage dans les différentes occasions qui se présenteront, nous ne sommes en crainte que du côté des ouvriers du pays pour la construction du nouveau fort. Ils auront été si étourdis d'un coup tout de feu et aussi prompt que celui de la prise de Mayé, qu'ils se seront sans doute dispersés et que vous aurez de la peine à en rassembler une grande quantité, c'est ce que nous apprendrons par vos premières lettres aussi bien que la contenance qu'auront tenu les Anglais pendant toute cette affaire, et les suites qu'elle aura eues.

Nous remettons à vous parler de ce qui concerne le roi Samorin jusqu'à ce que vous nous ayez écrit dans quels sentiments il sera pour nous depuis la prise de Mayé. La façon avec laquelle cette action a été conduite lui inspirera sans doute de la terreur, et il naîtra peut-être de là en lui une volonté vraie ou fausse d'être de nos amis. Nous approuvons tout ce que vous avez fait au sujet de ce prince jusqu'à présent.

Nous approuvons la gratification que M. de Pardaillan et vous avez jugé à propos de faire aux soldats ; la Compagnie sera trop satisfaite du succès de cette affaire pour ne pas reconnaître les services signalés de messieurs les officiers. Quant à nous, nous ferons tout ce qui sera en notre pouvoir pour les satisfaire.

Nous vous recommandons, Messieurs, la paix et la bonne union pour la suite de toutes vos entreprises ; vous sentez mieux que nous de quelle conséquence il est, pour les faire réussir, que ces deux choses soient jointes à la prudence et au zèle que nous vous connaissons.

Le *Te Deum* fut chanté hier après-midi dans l'église du fort au bruit du canon et de la mousqueterie pour rendre grâces à Dieu de la protection qu'il lui a plu nous accorder, et de la victoire qu'il nous a fait remporter sur nos ennemis.

Signé : BEAUVOLLIER DE COURCHANT,
LE GOU, DUPLEIX, VINCENS,
DIROIS, DU LAURENS.

Du 14e Janvier 1726.

Nous avons reçu le 9e de ce mois vos dépêches du 13 du passé ; nous avons répondu le 24 décembre à votre lettre du 3e. Ci-joint est le duplicata de cette lettre.

Nous mettons sur le vaisseau l'*Hercule*, qui doit partir dans peu de jours pour Europe avec la *Syrène*, le paquet que vous nous avez adressé pour la Compagnie. Nous avons fait faire des doubles des principales pièces qu'il contient pour les joindre à nos dépêches de la *Syrène*.

La relation de M. de Pardaillan nous a mis au fait de toutes les particularités que nous pouvions désirer, savoir de l'heureuse réussite de l'expédition de Mayé ; vous pouvez bien juger quelle est notre satisfaction de cet heureux succès et quels avantages nous sommes persuadés que la Compagnie en tirera. Ce qui nous paraît comme à vous de plus considérable en cela, c'est que l'honneur de la nation est rétabli à nos souhaits pour toujours ; vous voilà maintenant les maîtres d'imposer la loi par le droit de conquête et de faire avorter tous les mauvais desseins des Anglais. Cependant, comme il s'agit de regagner l'affection de ce peuple indien, nous sommes persuadés que vous n'exigerez d'eux que ce qui sera nécessaire pour votre sûreté et pour l'avantage du commerce de la Compagnie. D'ailleurs, vous ne devez garder que le terrain qui est à votre bienséance pour ne pas charger la Compagnie de trop de dépenses, c'est-à-dire que vous ne devez garder que ce qui pourra être défendu avec le moins de troupes qu'il sera possible. Il faudra pourtant que vous restiez toujours maîtres de toutes les hauteurs dangereuses et du bas terrain dont vous avez absolument besoin pour y placer les habitants, qui pourront par la suite rendre cet établissement considérable. En ceci, M. Deidier vous aidera beaucoup en vous faisant connaître tout le terrain qui pourra être défendu par les fortifications qu'il jugera nécessaire de faire.

Du 26e Janvier 1726.

Vous avez grande raison de ne pas vous fier aux belles paroles de Bayanor ni de son frère ; vous devez penser, au contraire, qu'ils feront agir, à l'instigation des Anglais, toutes sortes de machines pour vous troubler dans la possession de Mayé. Ainsi, vous agissez très prudemment d'être bien sur vos gardes et de ménager la bonne volonté des princes de votre parti pour l'opposer à celui de Bayanor jusqu'à ce que, les fortifications de Mayé une fois achevées, vous soyez en état de ne rien craindre.

. . . .

Sur ce que M. de Pardaillan nous écrit qu'il est temps que nous songions à fixer la garnison à laisser à Mayé, lorsqu'il en partira pour revenir à cette côte, nous lui marquons que nous ne pouvons rien décider maintenant là-dessus, cela devant dépendre uniquement des circonstances où cette place se trouvera alors, dans lequel temps vous verrez avec lui et messieurs Deidier et de la Farelle la quantité de troupes et les officiers qu'il conviendra d'y laisser ; peut-être même que le bien du service demandera que M. de la Farelle y reste.

Signé par le Conseil comme ci-devant.

Et plus bas : Pour copie coll[ée],

DULAUZEUX.

(Reg. C² 73, p. 257.)

IV.

Lettre de messieurs Mollandin et Tremisot au Conseil de Pondichéry, du 5ᵉ janvier 1726.

Messieurs,

Ci-joint est un duplicata de la nôtre du 20 décembre dernier. Depuis cette dernière, Bayanor a fait tout son possible ainsi que les Anglais sous main et par le ministère du prince de Colastry qui leur est dévoué, pour mettre dans son parti le roi Colastry, Cougninaire et les nambiars, pour que, tous ensemble unis, ils pussent nous accabler par la multitude. Ce qui ne laissait pas que de nous inquiéter non seulement par rapport à la forteresse, qui n'était point en situation de défense par le peu d'élévation de ses murs du côté de la terre, mais par rapport aux ouvriers qui nous auraient jetés dans un grand embarras si Bayanor s'était trouvé en état de nous attaquer, et que nous aurions couru risque de perdre autant par les coups, étant de la même couleur que les autres, que par la fuite et la terreur qui leur aurait pris, dont il n'aurait pas été possible de les faire revenir. Cette appréhension, jointe à ce qu'il convient pour terrasser Bayanor, notre ennemi, et nous allier avec tous ceux qui pouvaient lui prêter le secours, dont M. Adam le flatte.

Cela nous a fait prendre le parti de la négociation avec les uns et les autres de ces princes et grands et de les gagner par quelques présents. Nous avons même fait un traité d'alliance avec les nambiars, dont ci-jointe est copie, de l'agrément du roi Colastry, leur souverain, et de Cougninaire, leur chef, dont nous attendons un heureux succès par la tranquillité que cela nous procurera et le découragement où cela jettera Bayanor aussi bien que ceux qui le soutiennent contre nous.

On nous fait même espérer de gagner, moyennant quatre à cinq cents piastres, le prince de Colastry, seule espérance de Bayanor, et que nous croyons devoir lui enlever pour le déterminer plus tôt à faire quelques démarches pour se raccommoder avec nous.

Voilà, Messieurs, nos points de vue dans lesquels nous croyons que vous nous approuverez. Nous avons besoin de courir à tout ce qui peut tendre à la paix et à la tranquillité, autant pour nous fortifier que pour le rétablissement du commerce.

Par nos deux précédentes, particulièrement par celle du 13 du mois dernier, nous vous demandions des ordres positifs de ne laisser aucune nation faire le commerce dans le pays de Bayanor au préjudice des privilèges de notre Compagnie. Nous espérons une réponse déterminée à ce sujet, parce que nous prévoyons que M. Adam, qui ne veut point abandonner l'idée qu'il s'est faite depuis longtemps d'être maître du commerce de ce pays, ne manquera pas de faire des tentatives pour en tirer les poivres dont il a besoin, non seulement par terre, mais par mer, ce qui ne laissera pas de nous mettre dans un très grand embarras, si, le cas arrivant, les sentiments se trouvaient partagés, d'autant plus que M. de Pardaillan, par prudence, ne se soucie pas d'entrer dans les affaires de commerce pour ne point se trouver engagé à aucune discussion avec les Anglais, ce qui arriverait indubitablement s'il paraissait qu'il s'en mêlât, quoique M. de Pardaillan n'eût pas lieu d'être très content des manœuvres et manque de parole du Sr Adam et son Conseil à l'occasion de l'échange des déserteurs des nations.

Nonobstant les grands ouvrages qui se sont trouvés à faire à la forteresse pour épaissir les murs, que les Malabares avaient tenus très minces, et pour faire les contreforts nécessaires à prendre des fondements, nous commençons à nous élever et à être en état de défense. Nous y avions huit cents ouvriers lors de notre dernière lettre, il nous en vient tous les jours quelques-uns, et, avant huit jours, nous espérons en avoir douze à quatorze cents. Vous voyez par là, Messieurs, que nous n'avons pas envie de laisser languir les ouvrages, ce qui ne conviendrait pas aux affaires, et que M. de Pardaillan aura l'agrément non seulement de nous avoir postés mais de nous laisser, avant son départ, en état de ne rien craindre de nos ennemis pour la conservation de cet établissement si avantageux à l'État et à la Compagnie. Du moins nous fournirons à M. Deidier tout ce qui sera nécessaire pour cela; c'est même notre attention continuelle. Mais, Messieurs, il ne faut pas que nous manquions de fonds, il vaut mieux en avoir de reste; nous saurons les employer à l'avantage de la Compagnie et nous espérons que vous nous en enverrez par le vaisseau destiné pour Moka.

M. Deidier vient de nous remettre un plan de ce qu'il se propose de faire ici, que nous vous envoyons avec sa lettre. Nous espérons que vous l'approuverez d'autant plus que nous y trouvons la sûreté et l'épargne.

Nous sommes avec un très profond respect, etc.

Signé : MOLLANDIN et TREMISOT.

et plus bas : pour copie collationnée,

DULAUZEUX.

(Reg. C^a 74, p. 52.)

V.

*Lettre de M. Vincens, conseiller au Conseil
supérieur de Pondichéry.*

A Pondichéry, ce 25 janvier 1726.

Monsieur,

. . . .

Avant que de vous entretenir des nouvelles de Pondichéry, je veux vous faire part de celles de la côte de
Malabar, des victoires et lauriers que M. de Pardaillan
a remportés ; vous trouverez ci-jointe, Messieurs, la
relation depuis le jour de la descente jusqu'à la prise
du fort de Mahé.

Il est inutile que je vous dise la valeur et la prudence
avec laquelle il a conduit cette affaire, puisque vous le
verrez par la relation ; il a agi en grand général, il s'est
exposé comme un soldat tant à la descente qu'à la prise
des retranchements et du fort de Mahé. Voilà tout ce
que je puis vous dire. S'il fallait vous mander tout ce
que l'on dit de sa valeur et de sa prudence, il faudrait,
je vous assure, une main de papier ; je ne doute point
que vous n'en soyez d'ailleurs informé.

Si tout le monde parle de la valeur et de la prudence
de M. le chevalier de Pardaillan, lui-même rend justice
à tous les officiers de mer et de terre et aux soldats, en
disant seulement qu'il ne saurait dire qui a combattu
avec le plus de valeur de l'officier et du soldat.

Après avoir rendu justice à tout le monde, il parle en
particulier de messieurs de la Farelle, Baudran de la

Méterie et Changeac, en assurant qu'il ne saurait comment faire pour louer la valeur en particulier de ces messieurs.

Je vous assure qu'on ne peut être avec plus de reconnaissance et de respect, etc.

Signé : Vincens.

(Reg. C², 74, p. 38.)

VI.

Lettre du gouverneur de Pondichéry au comte
de Maurepas.

Monseigneur,

J'ai eu l'honneur, par l'escadre de M. des Boisclairs, de vous donner avis de la nécessité indispensable où nous nous trouvions, de faire partir incessamment pour la côte malabare une escadre avec des troupes sous le commandement de M. de Pardaillan-Gondrin, pour y rétablir la gloire de la nation, que le Sr Adam, chef du comptoir anglais de Calicut, avait en quelque manière flétrie dans l'Inde par ses menées et par son argent.

Depuis ce temps-là, cet officier a tout exécuté au-delà de nos souhaits, de la manière du monde la plus sage, sans le secours des princes qui ont manqué à la parole qu'ils nous avaient donnée : ce qui a fait le meilleur effet que nous pouvions souhaiter, puisque cela a fait comprendre à cette côte que les Français, seuls, peuvent les châtier. Ces peuples se souviendront maintenant qu'on ne peut nous insulter impunément, comme les Anglais avaient tâché de leur persuader.

Ce que nous craignions le plus était la descente à cause de la grosse mer de cette côte, mais elle s'est faite avec tant de vigueur et avec de si sages précautions que, malgré tout un peuple de naires qui sont soldats, le retranchement d'une demi-lieue de long, sur le bord de la mer, fut forcé et le canon pris ; il n'y eut même à cette action que quatorze hommes mis hors de combat, y compris M. de la Gèverie, capitaine. M. de Pardaillan fit travailler sur l'heure avec tant d'application à retrancher son camp pour s'assurer une retraite, qu'il n'eut plus rien à y craindre dès le soir même.

Le lendemain, 3e décembre, dès la pointe du jour, il fut forcer, par deux endroits en même temps, un grand retranchement élevé et fermé sur le haut de la montagne qui commande le fort, qu'il fallait prendre après.

S'en étant rendu le maître, sans laisser refroidir le soldat, et après avoir sommé le gouverneur de rendre son fort sur l'autre montagne, il fit mâter deux poutres, trouvées dans les fossés, contre un des bastions de la forteresse, par lesquelles on monta à l'assaut un à un, et on se rendit maître de la place après un rude combat, où M. de la Farelle se distingua. Trois cents naires furent trouvés morts de leurs blessures dans ce fort et plusieurs de leurs blessés tombaient morts dans les chemins, en fuyant après s'être précipités du haut du mur dans les fossés.

M. Deidier, ingénieur du Roi, M. de la Farelle, major de Pondichéry, et M. de la Méterie-Baudran, capitaine du *Triton*, qui commandait les matelots, se sont distingués dans ces trois actions. Ce dernier reçut dans le fort plusieurs blessures de haches d'armes, de sabre, de fusil et de sagaie auprès de M. de la Farelle, où M. de Changeac, capitaine de mérite et chevalier de Saint-Louis, qui commandait les grenadiers, fut tué avec un brave lieutenant.

Tous ont très bien fait. Ces trois actions, peut-être les plus vigoureuses qui se soient faites dans les Indes, n'ont coûté qu'environ quarante-cinq hommes mis hors de combat, dont quinze sont morts. Si M. de Pardaillan n'eût pas brusqué toutes ces attaques, nous aurions perdu beaucoup plus de monde, et il eût risqué à ne pas réussir. Tous ces braves espèrent que vous aurez la bonté de leur procurer leur avancement, et madame de Changeac, qui ignorera jusqu'à ses couches la mort de son mari, a besoin d'une pension, ayant des enfants sans avoir de biens; c'est une dame de mérite qui a été élevée à Saint-Cyr.

M. de la Farelle a bien mérité la croix de chevalier de Saint-Louis que M. de Changeac a laissée par sa mort : et cela n'augmentera pas le nombre des chevaliers, puisqu'il ne fera qu'en remplacer un autre qui a été tué à ses côtés. Tous ces braves ont fait un grand honneur à la nation, dans toutes les Indes, par leur bravoure, dont le bruit s'est déjà répandu bien loin. Il ne tiendra qu'à la Compagnie d'en profiter toujours, dans la suite, puisque cette bravoure l'a rendue maîtresse du meilleur poivre de la côte malabare et qu'elle possèdera cet établissement par droit de conquête.

J'ai l'honneur, etc.

Signé : Beauvollier de Courchant.

De Pondichéry, le 28 janvier 1726.

(Reg. C² 74, p. 36.)

VII

TRAITÉ DE PAIX CONCLU A MAHÉ

Articles du Traité de paix, arrêtés à Mahé le 8 octobre 1726 entre les Srs Mollandin, la Farelle, Deydier et Tremisot, employés et officiers de la Compagnie, et les princes ou chefs de Malabar, ses alliés, d'un côté, et Bayanor, prince de Bargaret, de l'autre. Par extrait.

Art. 1er.

Établit les limites de la concession faite par Bayanor à la Compagnie des Indes.

Art. 2.

Règle ce qui doit rester inculte et inhabité de part et d'autre entre le terrain concédé à la Compagnie et les limites des terres de Bayanor.

Art. 3.

Porte que chacun pourra bâtir et fortifier dans l'étendue de ses limites, et que ceux qui y seront établis jouiront des mêmes privilèges dont on est en possession dans tous les autres lieux et établissemens de la côte.

Art. 4.

Qu'aussitôt que la paix sera faite, Bayanor retirera toutes ses troupes, son artillerie, et rasera tous les travaux qu'il a faits sur les deux montagnes.

Art. 5.

Porte la confirmation des articles des traités précédents, par lesquels Bayanor s'engage de nouveau à ne fournir de ses états à aucune nation ni particulier, jusqu'à ce que la Compagnie ait acheté tout celui qui lui conviendra.

Art. 6.

Règle les droits que la Compagnie doit payer sur les poivres et cardamons, et aussi ceux qui lui seront payés sur les marchandises, qu'on aura besoin de tirer d'elle.

Art. 7.

Que les manchoues et bâtimens de Bayanor navigueront sous la protection de la Compagnie et pourront porter le pavillon blanc.

Art. 8.

L'on est convenu qu'il ne serait fait aucun tort ni chagrin aux brames ni aux femmes, et que l'on ne tuerait point de vaches, et que réciproquement les sujets de Bayanor ne feraient aucun trouble à personne, établi sur les limites de la concession.

Art. 9.

Que la Compagnie secourera Bayanor d'armes,
d'hommes et de vivres contre tous ses ennemis. Bien
entendu que la fourniture lui en sera retenue sur les
droits des poivre et cardamon, et qu'il fournira les
mêmes services s'il en est requis.

Art. 10.

Bayanor ne pourra promettre ni accorder à aucune
autre nation d'établissement sur ses terres, ni même de
traité que suivant ce qui a été arrêté ci-dessus.

Art. 11.

Si les gens de leur Compagnie ont besoin de bois ou
autres denrées, il leur en sera fourni par préférence à
tous autres.

Art. 12.

Et Bayanor fournira et fera fournir par ses nambiars
les matériaux nécessaires pour l'établissement en les
lui payant.

Art. 13.

Tous les princes et nambiars, nos alliés, seront compris dans cette paix et alliance d'aujourd'ui, à laquelle
seront portées les plaintes du lésé, si quelqu'un inquiétait
l'autre, pour travailler à l'accommodement.

Art. 14.

Si quelqu'un des sujets des uns et des autres fait
quelque insulte, l'on en fera un châtiment exemplaire,
et cela sera réciproquement.

Art. 15.

La Compagnie cédera à Bayanor le terrain d'Anjigondy et fera raser la poudrière.

Art. 16.

Tous les articles ci-dessus seront ratifiés par le Conseil
supérieur de Pondichéry, sans quoi ils n'auront point
d'effet.

La ratification du présent Traité par le Conseil
de Pondichéry est du mois de mai de l'année
suivante.

(Reg. C² 74, p. 54.)

VIII

LETTRE DE L'ANCIEN GOUVERNEUR DE PONDICHÉRY

A M. DE MAUREPAS.

Monseigneur,

J'ai reçu, avant de partir des Indes, la lettre du 26 décembre 1725 avec le duplicata de celle du 5ᵉ décembre 1724, dont vous aviez bien voulu m'honorer. J'ai remis le commandement de Pondichéry à M. le Noir suivant les ordres qu'il en avait portés, et, m'étant embarqué sur la *Vierge-de-Grâce*, montée par M. de Pardaillan-Gondrin, j'arrive ici après un séjour de vingt-quatre ans dans les Indes.

J'espère, Monseigneur, que vous voudrez bien avoir la bonté de m'accorder un congé de trois mois pour pouvoir me rendre incessamment auprès de vous.

J'ai l'honneur, etc.

Signé : BEAUVOLLIER DE COURCHANT.

De L'orient, le 19 Juin 1727.

(Reg. C² 74, p. 168.)

APPENDICE

Le récit de l'expédition de Mahé que l'on trouve dans les *Mémoires* de la Bourdonnais est en complet désaccord avec tout ce qui précède ; il nous a paru piquant d'en détacher les lignes suivantes.

EXTRAIT

DES MÉMOIRES DE LA BOURDONNAIS

———

. . . .

A peine étais-je moi-même rentré en France, que la Compagnie m'éleva au grade de second capitaine, et ce fut en cette qualité que je me rembarquai dans les Indes en 1724. Dans ce voyage, M. Didier, ingénieur du Roi, voulut bien m'enseigner la fortification et la tactique.

En entrant dans la rade de Pondichéry, nous trouvâmes les vaisseaux de la Compagnie prêts à partir pour le siège de Mahé. Il s'agissait d'enlever cette place importante aux naturels du pays. L'escadre qui devait l'attaquer était commandée par M. de Pardaillan. Quoique je ne fusse que second capitaine, je me vis, dans cette occasion, chargé du détail d'une grande partie des opérations de guerre et de régie.

Les Français, arrivés devant Mahé, rencontrèrent des obstacles qu'ils n'avaient pas prévus. La côte était d'un difficile accès, et l'ennemi pouvait facilement inquiéter notre débarquement. J'imaginai alors pour le faciliter une nouvelle construction de rats ou radeaux. Chacun d'eux portait trois cents hommes et une pièce de canon ; ils étaient bastingués avec des balles de coton, et avaient une espèce de pont qui couvrait les troupes et leur donnait moyen de mettre pied à terre en bon ordre. Cette invention réussit et la descente se fit sans perdre un seul homme.

Le siège traînait en longueur. Je proposai d'inquiéter les ennemis en faisant mine de vouloir brûler les habitations qu'ils avaient le long de la côte, persuadé que les Indiens aimeraient mieux livrer leur ville, que de voir leurs habitations réduites en cendres. Ce projet fut approuvé et je fus chargé de son exécution. Mais effrayés de nos préparatifs, les Indiens se décidèrent à entrer en arrangement, et nous livrèrent Mahé. . . . .

(*Mémoires historiques* de B. Fr. Mahé de la Bourdonnais. Paris, 1827, in-8°, p. 5.)

TABLE DES MATIÈRES

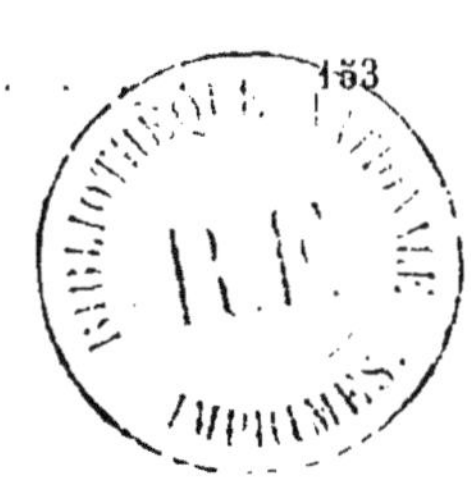

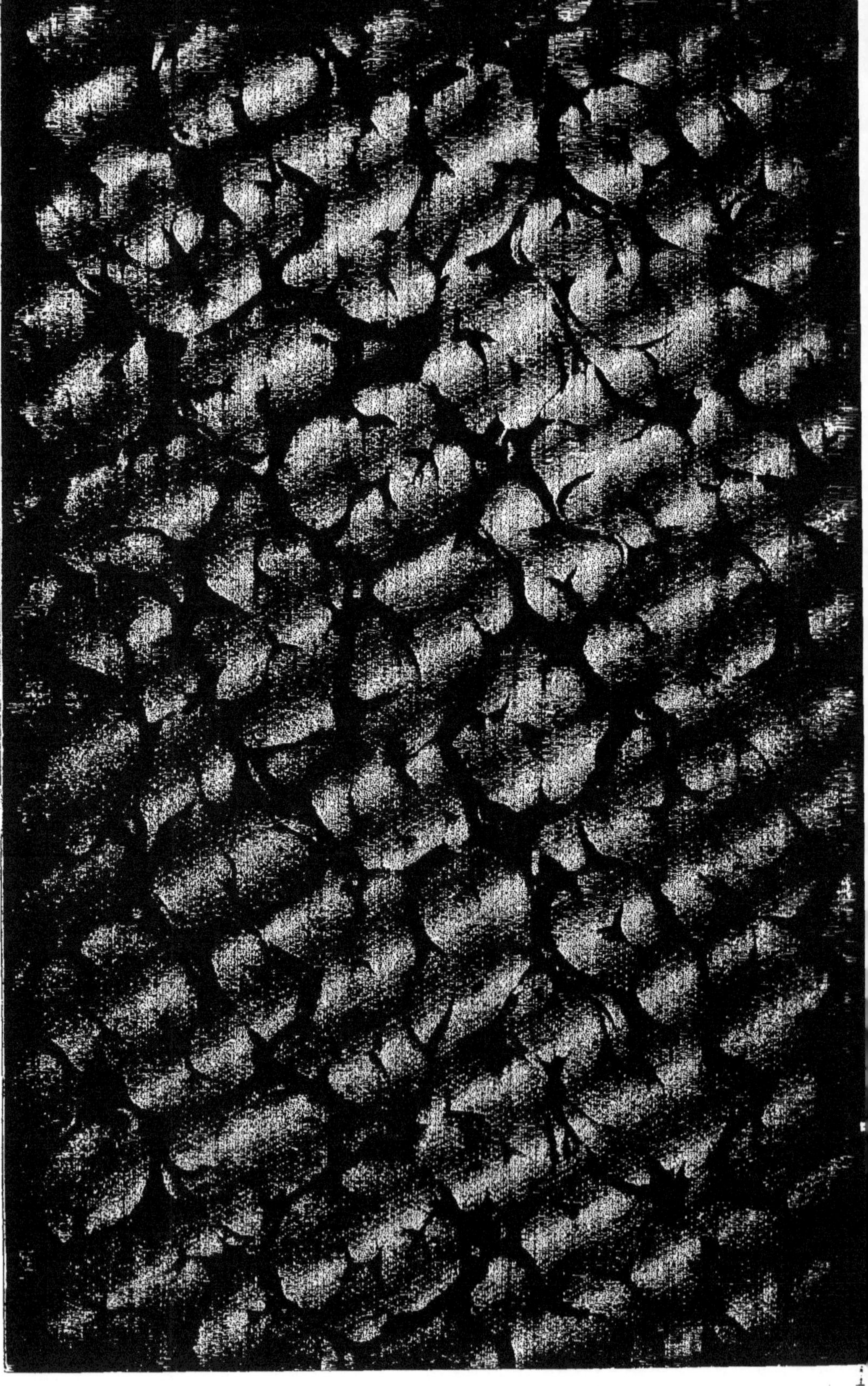

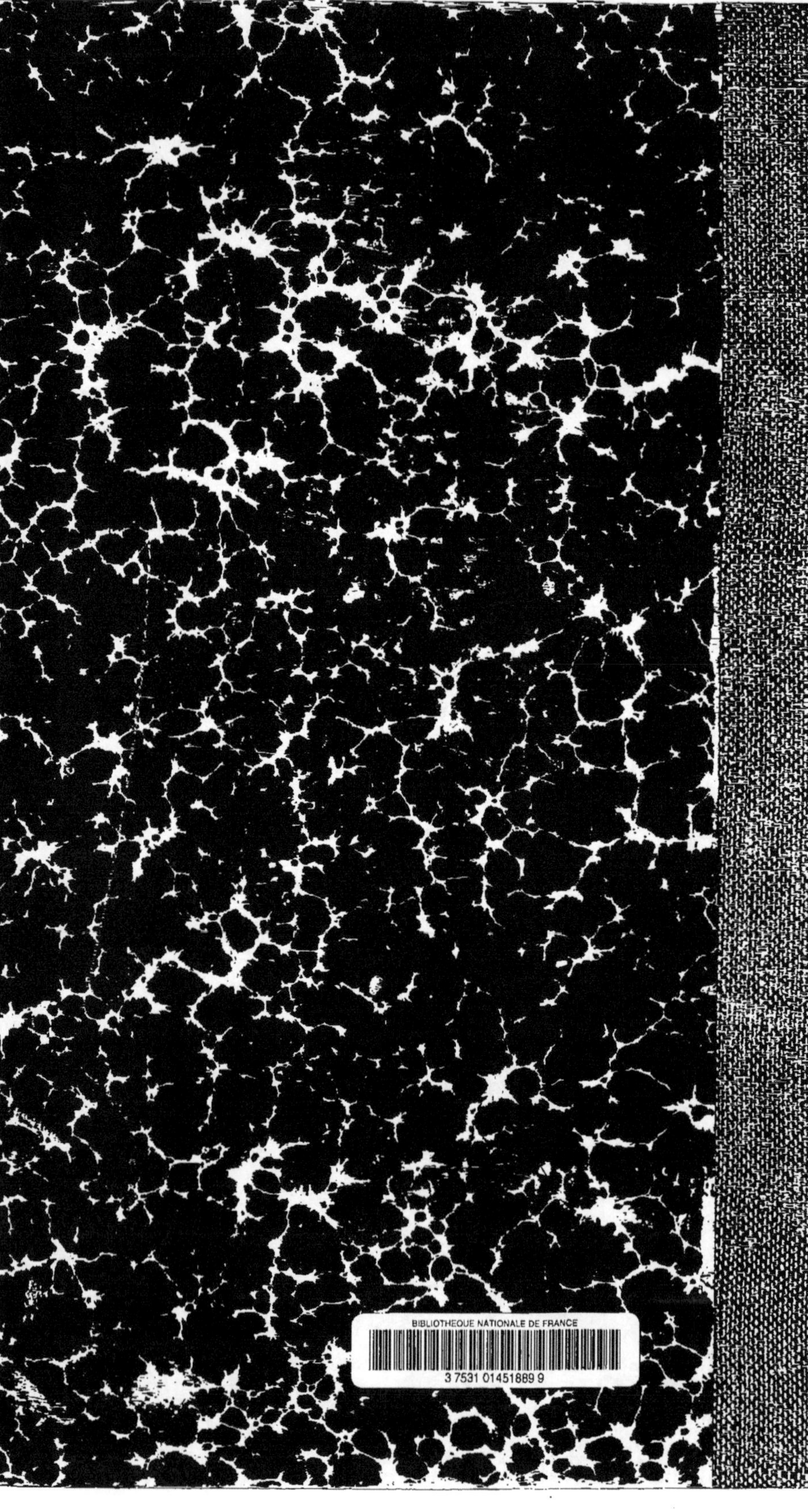